超级
搭讪学：

跟任何人都聊得来

许征 ／ 编著

成都地图出版社

图书在版编目(CIP)数据

超级搭讪学:跟任何人都聊得来/许征编著.—成都:
成都地图出版社有限公司,2018.10(2023.6重印)
ISBN 978-7-5557-1076-9

Ⅰ.①超… Ⅱ.①许… Ⅲ.①心理交往-通俗读物
Ⅳ.①C912.11-49

中国版本图书馆 CIP 数据核字(2018)第 237915 号

超级搭讪学:跟任何人都聊得来
CHAOJI DASHANXUE:GEN RENHEREN DOU LIAO DE LAI

编   著:许 征
责任编辑:王 颖
封面设计:松 雪
出版发行:成都地图出版社有限公司
地   址:成都市龙泉驿区建设路 2 号
邮政编码:610100
电   话:028-84884648 028-84884826(营销部)
传   真:028-84884820
印   刷:三河市泰丰印刷装订有限公司
开   本:880mm×1270mm 1/32
印   张:6
字   数:136 千字
版   次:2018 年 10 月第 1 版
印   次:2023 年 6 月第 4 次印刷
定   价:35.00 元
书   号:ISBN 978-7-5557-1076-9

前　言

　　搭讪，即主动和陌生人交流或为了跟人接近或把尴尬的局面敷衍过去而找话说。通俗一点说，搭讪就是如何运用口才，让陌生人迅速接受你，在聊天中营造一种和谐美好的氛围，从而达到交际的目的。

　　美国成功学大师戴尔·卡耐基曾经说过："当今社会，一个人的成功，仅有一小部分取决于专业知识，大部分则取决于说话的艺术。"人的一生当中，从恋爱到婚姻，从求职到升迁，从交际到办事……都需要说话的能力。

　　因此，搭讪不仅是一种口才，更是一门说话的学问。我们天天在说话，但不一定就能把话说好。为人处世，大部分在一个人的话语中体现。一件事情能否办成很大程度上与说话有关；而一句话是否说得恰当，又与一个人的个性、情绪、阅历等有很大的关系。会说话的人可以明确表达自己的意图，能够把道理说得清楚、动听，并使别人乐意接受。会说话的人，其金玉良言被人所称赞，绝词妙语被人所欣赏。不会说话的人则常吞吞吐吐，含糊其词，甚至可能会造成误会，伤及感情，对人对己都不利。

　　说话是一种技巧，我们必须熟练地掌握这种巧妙的方法才能够搭讪成功。 在说话的时候要认清对方，顾虑别人的感受，坦白率直，细心谨慎。 所以，每次说话要根据实际的情况，切不可唯我独尊。 我们说话的目的是为了说明一些事情，使人产生兴趣，所以说话要清晰，要有力度。

要想成功搭讪，说话就需要让人舒服，就要讲究语言的表达方式：说得好，说得精，说得巧。 说得好，就是把话说到对方的心坎上，说者会说，听者爱听，彼此共鸣；说得精就是言简意赅，不啰唆，不赘言；说得巧，是把话说到点子上，一语中的。

本书通过大量贴近生活的事例和精炼的要点，将实用、常用、具有操作性的说话技巧倾囊相授。 高情商的搭讪技巧，早一天掌握，早一天走向成功；早一天领悟，早一天拥有幸福的人生。

2018 年 9 月

目　录

第一章

搭讪这门艺术，不懂心理你就输了

练就火眼金睛，看透对方

《西游记》中的孙悟空，拥有一双火眼金睛，不管是什么妖怪，他只看一眼，就能看出对方的真面目，所以，不管妖怪有多厉害他都能将其收服。

号称"外交人员的楷模"的周恩来，之所以能在外交活动中挥洒自如，就由于他有一双"火眼金睛"，能洞察对方的心灵。

1971年，为打破中美外交中断20年的僵局，基辛格率代表团秘密访华。在他们来华前，尼克松总统一行对这次会谈的情景曾多次设想，他们认为中方一定会拍桌子大声叫喊着"打倒美国帝国主义"，让他们滚出东南亚，退出台湾。因此，基辛格一行人心里都很忐忑。

约好在钓鱼台国宾馆会面，在等待周恩来的时候，基辛格他们表现得有点儿手足无措，每个人的心里都在打鼓，不知周恩来见到他们以后的态度会是怎么样的，周恩来是否会耻笑他们，或者对他们不理不睬。他们的这种设想其实是有道理的：作为一个曾经孤立中华人民共和国的国家的代表，如今到中国访问，为了能重新与中国建交，他们受到中国人民怎样的对待都是应该的。

周恩来一走进会见室，只看了一眼他们的表情，就清楚地知道了他们心里在想什么，也知道他们为什么紧张。为了化解他们的紧张，周恩来决定先不谈政治。于是，他微笑着握住基辛格的手，友好地说："这是二十几年来中美两国高级官员的第一次握手。"当基辛格把自己的随行人员——介绍给周恩来时，周恩来更是出人意料地给其赞美。他握住霍尔德里奇的手说："我知道，你会讲北京话，广东话也会讲。我都不会讲广东话，你在香港学的吧！"他握着斯迈泽的手说："你在《外交季刊》上发表的关于日本的论文我读过，希望你也写一篇关于中国的。"他摇晃着洛德的手说："小伙子，好年轻，我们该是半个亲戚。你的妻子是中国人我知道，她还在写小说。她的书我喜欢读，欢迎她回来访问。"

几句简单的问候语，让基辛格他们把心放进了肚子里。周恩来为了消除基辛格一行的紧张心理，可谓是用心良苦。这种情况也许周恩来早已料到，因此他充分地了解了这些来访人员，也对基辛格的几位随员进行赞美，不是赞美他们政治舞台上的出色表演，而是赞美其生活、工作中的一些细节，既亲切自然，又大方得体。

周恩来慷慨地赞美这些表面看来与彼此外交使命无关的细节、琐碎之事，缩短了双方的心理距离。周恩来平易近人的温和态度，一方面让客人觉得他们会见的不是一个国家的高级官员，双方不是进行严肃的政治谈判，而是像和一个多年不见的老朋友在见面，与他们亲切地话家常，对他们的独到之处大加赞赏；另一方面，"言者有意，听者有心"，周恩来通过这些与主题毫无联系的赞美将中国人民对美国人的友好态度巧妙地传达了出去。 这些看似微妙，甚至不易为人觉察的信息却使基辛格一行人发生了一个很大的心理转变，气氛由紧张、拘束一下子变得活跃了，为会谈消除了心理屏障。 因此，会谈顺理成章的成功了。 周恩来以他的机智敏捷，在外交史上留下了一段传奇佳话。

在与人交往中，夸夸其谈是不需要的，每句话都要说在点上；要想说到点上，就在于你能否洞悉对方的心灵；是否能抓住对方的心理，需对症下药。 要想洞察对方的心灵，看人时就要拥有一双火眼金睛，要从细节处着手，比如对方的穿着打扮，说话的语气，口头禅等。

观察对方身边的人也可以得出你想要的信息。 所谓"物以类聚，人以群分"，看他身边的人品格如何、性格怎样，看他交的是哪一类的朋友、他是怎么对待自己的朋友，甚至还可以看他朋友喜欢什么、讨厌什么，从而来推断出他喜欢什么、讨厌什么，进而大概知道他这个人是什么样的。 这样，在与之交往中，才能把话说到点上，把事做到点上，取得的效果才会事半功倍。

孙悟空并不是天生的火眼金睛，而是通过烈火炼了许久才炼成。 我们要想拥有一双火眼去洞察人的心灵，就要靠平时的积累。 在与人交往中集中精力，把注意力放在对方身上，把全身所有的细胞调动起来；眼观六路，耳听八方，对你有用的信息一定要抓住。 久而久之，你也就成了一位善于观察人的人，对方的心思你就能轻易看穿，对症下药，从而能非常容易地达到自己的目的。

共同体验有助拉近距离

世界经典爱情名片《魂断蓝桥》的开头还记得吗？ 第一次世界大战期间，在滑铁卢桥上，拉响的警报声一声比一声紧急，即将奔赴法国战场的英军上校罗依·克劳宁遇到了舞蹈演员玛拉，他们同时进入防空洞躲避。 在拥挤的人群中，四目相对的他们爱上了彼此。

无须说，这就是一见钟情魅力的体现。 其实，这也体现了共同体验的魔力。

共同经历危险的两人，自然而然地产生了特别的亲密感，关系发生了质变。

也许有人会说，这是电影，是艺术，不是现实生活，那么，让我们看看下面这个真实的故事吧：

有一对青年男女，高中同学三年，关系很是一般。进入大学之后的第一个学期也并无任何联系。然而，大一还未结束，两人就开始恋爱了。

听到两人恋爱的消息时，同学们都震惊了，因为这事来得太突然。在此之前，没有谁察觉到一点儿蛛丝马迹。后来，还是这位男生自己爆料事情的缘由，大家才清楚。

原来，大学第一学期暑期放假期间，高中同学聚会，去爬山的十几个人中也包括他们两个。下山时已近黄昏，刚好遇到了一群地痞上山，他们似乎喝醉了酒，不知为什么双方就开打了。男生们让女生们先跑，这名女生体质差，跑得慢，落在了后面，这个男生就拉着她并帮她拿包，两人一起跑到了山的另一面，最后与其他同学走散了。

后来，两个人摸黑下了山，女生被男生护送回家。此后，两人开始交往，返校后互通书信，关系一天天好了起来，水到渠成地成了恋人。

想想也是奇怪，偶然拥有私密的共同体验竟促成了两人由普通同学变成了恋人。

在日常生活中，经常可以见到两人的关系因共同体验某件事情而贴近的例子。比如：两个同事突然好了起来，原来是不久前单位组织外出，在旅馆的电梯里两人被困了半个多小时。诸如此类的行为，使两人共同经历了只属于他们的同一事件，关系变得亲近。通常，经历越私密越特殊的共同体验，两个人的关系也就会越亲密。

这是为什么呢？从心理学的角度来讲，当人遇到困难时，会有一种"喜欢自己"的心理在其潜意识里产生。所以，在这种爱自己的延长线上，就会有强烈的喜欢与自己有相似点的人的潜在心理。利用这种心理作用，从彼此间共同拥有的经历中，对他人的好感就会爆发出来。有时，因为拥有共同体验，即使是双方比较生疏、甚至彼此含有敌意，也可能彼此之间认同，成为知己。

学会发现并唤起对方的需求

世界上没有两片完全相同的树叶，同样，完全相同的两个人也不存在。

马克·吐温小时候，有一次他逃学被妈妈罚去刷围墙。围墙长达30米，马克·吐温刷了一会儿就发现这是一个漫长的苦役，怎么办呢？他开始寻找对策。此时，从远处走来了邻居家的孩子托米，他手里还拿着一个大苹果。马克·吐温一见他，立即打起精神，让手中的刷子在墙上飞舞，不时还停下来，后退几步看看效果，好像是正在欣赏一件杰出的艺术品。

托米好奇地走了过来。

"嗨！托米，"马克·吐温招呼托米道，"你要去哪儿？"

托米说："我要去游泳。你要干活，我知道你不能去的，不是吗？"

"什么，这也叫干活？"故作惊讶的马克·吐温说道，"如果这也叫干活，那我真希望天天有活干。你要知道，刷墙的机会可不是每个小孩都有的，这可是大人才能干的事！"

这句话顿时使托米动心了，他央求马克·吐温让他刷一会儿。刚开始马克·吐温不同意，最后托米用苹果交换才被马克·吐温允许刷墙。马克·吐温躺在草地上吃着苹果，托米则奋力挥舞着刷子，干得津津有味。别的孩子看到以后也围了过来，全都跃跃欲试。

这个下午，孩子们得到了机会去刷墙。作为回报，他们送给马克·吐温若干礼物。

马克·吐温小小的年纪，就能了解别人的需要，并且知道唤起这种需要应该用什么方法，真不愧是一位高情商的人，他能取得那么大的成就也就不言而喻了。

也许有一天你也会想要让别人为你做点什么，或者想要别人按照你的意愿去做点什么。 那么，在这之前，你就需要对对方的需要进行认真的思考，然后根据对方的需求来采取行动，让对方在做你想让他做的事时心甘情愿。 如果你不去考虑别人的需要，一心只想达到自己的目的，只考虑自己的需要，那么最终你会适得其反。 请看下面的例子：

在路上有一位富翁的车坏了，他想叫一家修车的公司来帮他修车。他来到修车行，发现这里有很多家修车行。他走进一家看上去规模比较大的修车行，修车的小伙子看到一身名牌的富翁，知道他派头不小，就想和他拉近关系，甚至在幻想帮他修车能得到多少小费。于是，他不问车坏在哪里，而问富翁是做什么的，收入有多少。有人帮自己把车修好才是富翁真正需要的，而不是被问一些不着边际的问题，很显然小伙子忽略了这一点。于是，富翁走出这家修车行，走进了另一家。那家修车行的员工看到走进来的富翁马上就说:"您的车坏在哪里?我们马上派人帮您拖过来修理,很快您就能坐上自己的车子了。"

　　结果可想而知,富翁对后面的修车行产生了好感,成功地做了一个送上门的客户。

　　那些事业有所成就的人,秘诀之一就是了解别人的需要,以别人的需求为出发点,投其所好。 世界上有许多人是无私的,他们能够从别人的利益出发,大家也喜欢这样的人,更愿同意和接受他们的观点。

　　知道对方的需要,并且唤起对方的需求,并不意味着我们对别人要加以操纵和利用,而是尽可能地使双方都有利可图,能愉快地达到双赢的地步。 以这样的方式交往,又有何不可呢?

见什么人说什么话

有一则笑话，颇能说明如何"见什么人说什么话"：

一日，很擅长奉承的一个人要请客。客人到齐后，他一个一个地问别人如何来的。第一位说是坐出租车来的，他大拇指一竖："潇洒，潇洒！"第二位是个领导，说是自己开车过来的，他惊叹道："时髦，时髦！"第三位看上去有些难为情，说是骑自行车来的，他对其赞不绝口并拍着其肩头说："廉洁，廉洁！"第四位没权也没势，自行车也丢了，说是走着来的，他也面露羡慕："健康，健康！"第五位看到他如此会奉承，就想难为一下他，说是爬着来的。他击掌叫好："稳当，稳当！"看到这里，或许你已经笑得说不出话来，但细细思忖之下，见什么人说什么话的奥妙之处你也许就能领悟出来。

有效的沟通是你和别人建立关系、发展生意的基础，因此，见什么人说什么话是你接触陌生人时需要具备的一项重要技巧。 想要贴近他的心，以获得对方的好感，最好的说话方式就是对方喜欢的方式。 这一点下面的例子可以证明：

曾经有一位非常出色的记者，与不同的人说话用不同的方式是他说话的最大特色，因此，他与那些初次相识的人都建立了良好的关系。 比如，当他采访一些有社会地位的贵宾时，他会改变自己的声音、语调以及内容以与被采访者的声音、语调以及内容相配合；当他采访一些社会地位略低的人时，他的说话方式就会保持一种平民化的声音、语调和内容。这种做法所带来的结果是，几乎每一个接触过他的人都非常喜欢他，都乐意和他交往。我们应该学习这种人际交往的方法。

在人际交往法则中，我们提倡因人而异，也就是说话要因人而不同，以便适合对方的心理，赢得对方的好感。只有赢得对方的好感，你想要的东西才可能得到。以下几种说话方式尤其需要你注意：

一是与地位高于你的人说话要保持自己的个性。交谈对象的地位比你高时，你必须维持自己独立的思考，做应声虫是万万不可取的。如果你只说"是"，别人就可能会因为你的回答而不高兴，他就会认为你这人没什么个性，对你的印象也不会很深。

二是与老年人说话要谦虚。长辈在教育晚辈时经常会说："我走过的桥比你走过的路还多。"这是很有道理的。虽然在知识上老年人可能不如你，但是经验上绝对比你丰富。他们喜欢那些在自己面前谦虚、认真学习、细心聆听教诲的人，不喜欢那些自高自大、目中无人的人，因此，你在与他们谈话时，态度一定要谦虚。长辈以前做的事最好能提一提，尤其是那些令他骄傲、引以为豪的事，这样你的话能温暖他的心，你也会给他留下很好的印象。

三是与女性谈话要以对方为中心。以对方为中心是与他人谈话时很重要的一点，这一点在与女性谈话时更应注意。这是因为女人在思考时，比男人更为个性化。要想顺利而愉快地与她们交谈下去，你们之间的话题就要以她们为中心，采取一种可以使她们感情增加的谈话口气、态度和方式。 女人关心的话题往往是她自己、她的爱好以及她的家庭，她更喜欢发表她的意见，因此一个好的聆听者是她最喜欢的。 如果你想和对方建立良好的关系，就要学会用谈话来吸引女人，对她的态度不能有轻视的感觉，要认真地和她交谈、倾听。

四是与地位低于你的人谈话要庄重。 谈话对象的地位比你低的时候，谈话相对容易一些，但是要想谈得好并建立好关系，也是很难的。 因为你的地位比他高，在谈话时，你可能无意识地谈得过多或者态度有些随便，这样会给对方留下"这个人随随便便"或者"看不起自己"的印象。 因此，在和这种人谈话时，你要给他一种对他的话你很感兴趣的感觉，而且你应该请他先说话，这样显得和蔼可亲。 此外，庄重、有礼也是你需要注意的，避免以一种统治者的态度进行谈话。 你要对他所完成的工作或者他的能力进行赞美，或者赞美他身上其他可以赞美的地方，不要以你自己优越的地位来压制他。

五是与年幼者谈话态度要保持深沉。 比你年幼的人，有些具有超前的思想，有些则经验不及你。 无论是哪一种情况，你的态度都要保持深沉、慎重，这能对他产生一种吸引力。 当然，也不能太过头，如果给对方一种拒人千里之外的感觉，那就适得其反了。

投其所好能给人留下好印象

销售人员在进行业务培训时，都要学习这样一种技巧：投其所好，这是和客户打交道时一定要注意的。谈论对方感兴趣的话题，对方对你的印象就会很好，从而促使你谈成这笔交易。这个方法也同样适用于同陌生人发展关系。

每个人的兴趣和爱好都是特有的，并且都希望自己的兴趣和爱好能得到满足、被他人认可。如果有人能和他们一起谈论这个话题，对其兴趣和爱好能够理解和满足，他们就会对对方产生一种信任和好感，与对方的合作和交流就能顺利进行。正是因为这样，所以很多人都会先想方设法了解对方的兴趣和爱好，从而促成生意，发展自己的关系。

因此，在和陌生人交往时，你要以对方的需要、兴趣、爱好、志向为根据，有意识地迎合对方，并努力使双方达成共识。与对方的良好关系建立之后，再提出双方的合作，对方便会乐于接受和认可。这一点受到很多人际高手的重视。

有一个成功的广告业务员，每次在面对糟糕的业务局面时，他都擅长用提问的方式将对方感兴趣的内容引入到话题中，这样就算对方真的很忙，也会乐于挤出时间来和他聊天，而聊到最后的结果，往往是建立关系、谈妥业务。比如，在他刚开始开展业务时，遇见了一家装修公司的老板。这个老板工作繁忙，在他面前无功而返的业务员很多，而这名业务员却成功地把产品推销给了这个大忙人。他是这样表现的：

业务员："您好！我叫×××，是广告公司的业务员。"

老板："又是一个业务员。今天业务员已经来了5个了，我还有很多事要做，没时间听你说。别烦我了，这种广告我们已经很多了。"

业务员："请给我一个做自我介绍的机会，10分钟就足够了。"

老板："我的时间真的是不多。"

这时，业务员用了整整一分钟的时间把公司挂在墙上的宣传图片看了一遍，然后问道："您在这一行做的时间有多久了？"老板回答："22年了。"

他又问："您是怎么开始干这一行的呢？"这个老板立刻被这句有魔力的话吸引住了，他开始滔滔不绝地谈论起来，从早年自己的不幸一直到自己的创业，一口气谈了一个多小时。虽然这个业务员的这次生意并没有谈成，但他却和老板成了朋友。接下来的三年里，老板在他这里签了四份大单。而这些生意的成功，都开始于这名业务员巧妙的提问。

要想赢得陌生人对你的好感，你就要首先去了解对方的兴趣和爱好，对对方有一个基本的了解，而达到这一目的的最好办法，就是提问。有效的提问能使你对对方有一个透彻的了解，而且提问本身就是一种获取对方好感的方式。就像上述案例一样，一个简单的提问就能让双方的关系变得牢固。关于如何提问，也有很多技巧，一种有效的办法就是"FORM"，它的内容包括 4 个方面：

"F"是关于家庭的。即对对方的父母、孩子和兄弟姐妹的事情进行询问。

"O"是关于职业的。即对方的工作是什么，他们想做什么工作，他们正在学习什么，工作中的什么内容是他们的最爱。

"R"是关于消遣娱乐的。即对对方的业余爱好进行了解，由此可以延伸到运动、读书、旅行和音乐等多方面。

"M"是关于动机的。即了解是什么因素在生活中激励着对方，这样的谈话常常可以延伸到众多方面，包括生活中的和工作中的，并达到交浅言深的目的。

通过"FORM"进行提问，实质就是投其所好对对方的心理需求进行满足。同时，从对方的回答中你对他们也可以进一步地了解，为下一步如何发展关系做好准备。

了解对方是投其所好的重要前提

    一个小镇上有一个商人，开始时，他只有一个并不是很大的煤矿厂，但是后来，他却成了许多大公司的领导，每年的生意额能高达九位数。全世界的自动电话材料，有80%都是他提供的。他是如何做到这一切的呢？答案并不复杂，就是他抓住了那次出售自己煤矿厂的机会。

    他花了两年的时间整顿那个煤矿厂，但最后却以140万元的价格把煤矿厂卖掉了，这个价格让他赚了95万元。然而，赚钱并不是最重要的，更重要的是在做这件买卖的过程中，他认识了很多知名的商人和实业家，并和他们结下了深厚的友谊，这为他将来事业的发展奠定了基础。比如，这中间有很多人，都成了他以后的商业伙伴。而且结识这些人后不久，他就和12家银行有了往来，这些银行中有很多家都是他在经营煤矿时结识的。那么，他和这些人的关系又是怎样轻而易举地建立起来的呢？

    他这样介绍自己的经验："我在见每一个想要结识的陌生人之前，都会花30分钟甚至更长的时间把这些人的信息从各种渠道收集起来，然后把他们研究透。收集了足够的资料后，这些人的习惯、见解、特性以及他们所阅读图书的书名我就能了解。我把这些书买下来，再认真地研究一番。此外，对于时局重要事件上他们的看法，我也会牢记在心，同时我也会把自己在这方面的反对意见陈列出来，当然，别人不一定会同意这些意见。总之，我和这些人接触的时候，彼此立场一致是我所希望的，并打算以他们的语句接洽，以他们可能乐意的条件谈生意。"正是靠着预先了解和研究目标人物，这个商人很快说服了那些重要人物，并和这些人建立了良好的关系，为以后的生意积累了雄厚的人脉。后来，在面对每一个生意上的对手、朋友、顾客以及合作伙伴时，他也都会预先做一番考察，从而达到了解对方、实现共赢的目的。

可见，在会见一个陌生人之前，尤其是在征服那些你需要说服的人之前，最有益的办法就是事先要对此人研究充分，做到对他了解透彻。你必须仔细地考虑一下他们有什么特点：比如他们的特性、需要、能力、特殊嗜好和爱好。你要设法弄清楚你要去面对的每一个人的性格和立场，并且在应付他们时应采取不同的方法。

为了做到这一点，你就要从各种渠道将与对方有关的信息尽量收集起来，并至少花 30 分钟的时间去了解这些信息，研究透彻对方才对你们的合作有利。而那些你事先没有条件去研究的人，从和他第一次见面起，我们就要收集那些能够揭示他的品行、喜好的细节，而我们所需要做的就是仔细观察一些琐碎的事情。

比如，在你进入一个人的办公室时，你需要留意办公室的环境以及这个人自身的一些情况：如通过墙上、桌上的图画，对这个人的家庭、兴趣以及嗜好做出推测；还可以观察桌子上的摆设，从而对这个人在公司中的地位以及他的工作方法做出初步的推测。总之，办公室里的一切小事物，都可以用来评估这个人的品行、爱好及习惯。很多推销员都善于使用这种技巧，并因此而建立了良好的关系，很多生意都成功了。

所以，在会见一个对你而言举足轻重的人之前，尤其是当这个人是一个陌生人时，最有用以及最必要的一件事就是用半个小时或更多时间详细研究这个人，加深对他的印象，增进对他的了解，为建立良好关系奠定基础。有了这个程序，在接触时就不会那么困难了。

心理学家认为，人们的行动受情感的引导。积极的情感，比如兴奋、喜欢、愉悦等产生的行为效果常常是合作、理解、接纳，通常能让对方更容易接纳你；而消极的情感，如讨厌、憎恶、气愤等则会带来排斥和拒绝，对于建立双方关系不利。所以，要想让陌生人顺利地接受你、促成双方达成生意，博得对方的喜爱是你首先要做的，否则，你的尝试就会失败。要使别人对你的态度从排斥、拒绝、漠然处之到关注你并对你产生兴趣，就需要你最大限度地对对方的积极情感进行引导和激发，即寻找对方的兴趣点，然后投其所好。

中国近代史上的第一代实业家盛宣怀，被晚清社会称为"天下第一官商"。他所创办的近代纺织、银行、轮船、电报、煤铁矿、冶炼、铁路等企业，为中国经济的近代化做出了巨大的贡献。在接触别人时他很擅长寻找对方的兴趣点，然后投其所好，对方喜欢什么他就说什么，使对方对他产生好感，为自己的生意铺设基石。有一个故事，就是这一点的最好体现。

为了从清政府手中揽下督办电报业这一肥肉，盛宣怀把李莲英买通，要他向醇亲王推荐自己。醇亲王答应接见盛宣怀，向他垂询有关电报的事宜。之前盛宣怀与醇亲王并未见过，但与醇亲王的门客"张师爷"交往甚密，在他那里知道了两件事：一、醇亲王跟恭亲王不同，恭亲王认为中国要向西洋学习，而醇亲王并不认为洋人比中国人强；二、醇亲王虽然好武，但自认为书读得不少，颇具文采。盛宣怀了解情况后，就在身为帝师的工部尚书翁同龢那里抄了些醇亲王的诗稿，念熟了好几首，以备"不时之需"。盛宣怀还把醇亲王的一些心思从其诗中悟了出来，毕竟"文如其人"。准备充分以后，盛宣怀前来会见醇亲王。

当他们谈到电报这一名词的时候，醇亲王问："到底电报是什么？"盛宣怀回答道："回王爷的话，它其实没什么神奇的，全靠活用，所谓'运用之妙，存乎一心'，如此而已。"醇亲王听他的话引用自岳武穆，因此对其刮目相看，立即问道："你也读过兵书？""在王爷面前，怎么敢说读过兵书？英法内犯之时，如果不是王爷神武，力擒三凶，大局真是无法想象啊。"稍停一下后盛宣怀说："那时有血气的人，都想为国报仇雪耻，宣怀也就是在那时候，自不量力，看过一两部兵书。"盛宣怀真是三句话不离醇亲王的"本行"，接着他又将电报的作用描绘了一番。醇亲王也感觉飘飘然，后来就托付盛宣怀督办电报业的事情。

人们常说"不打无准备之仗"，当一个人特意要和一个完全陌生的人去打交道时，要把这一过程当成一次不可忽视的挑战，事先应该准备充分。一方面，可以通过多种渠道了解对方的背景、经历、性格、喜恶；另一方面，在了解清楚对方的基本情况之后，设想在交往过程中有可能出现的问题，心理上要做好准备，以不变应万变。然后，在交往之中针对对方的兴趣喜好有的放矢、投其所好，令其大有"相见恨晚"之感，使对方完全信任你，建立起稳固的相互关系。当然，即使是平常的陌生人，以此赢得对方的好感也是可能的。

人与人之间最明显的不同就在于每个人的兴趣不同，假如能找出并利用这种差别，往往能为双方发展生意、建立关系获取事半功倍的效果。所以，要想和一个陌生人处好关系，首先就要了解一些与他们有关的信息，比如：这些人曾经说过、想过、做过的事，他们的习惯，他们的癖好，以及他们对某些问题的看法等，所有这些你都应该去了解。建立这种关系的要点是：从外围突破，在进入堡垒之前，先大致了解一下堡垒周边的环境，做到心中有数。有了这样的基础，接下来再一步步接近目标时，你才能不慌不忙，胸有成竹，准确揣摩对方的心思，投其所好，最后轻松成功地扩大自己的人际关系。

第二章

举止得体，好形象最受欢迎

通过仪表举止提升个人形象

初次见面时，对他人的容貌、长相、仪表和举止的最初感觉即是第一印象，它是人际交往中的重要基础。心理学的研究成果表明，由第一印象所形成的心理印记最为深刻，对交际对象的最初感受远大于后来获得的相关信息的影响，第一印象在评价他人形象过程中的影响程度可达 75% 左右，而且很少有人会改变其最初的判断。这种心理现象被称为首因效应。也就是说，如果初次接触能够给人留下良好的第一印象，那么即使后来的个人行为有不尽如人意的地方，他人也会采取原谅的态度。如果不能给人留下良好的第一印象，那么往后即使加倍用心，也往往难以脱离最初不良印象的阴影。第一印象对后面获取的信息的解释有明显的定向作用，人们总是以他们对某一个人的第一印象作为背景框架，去解释他们后来获得的有关此人的信息。所以，人际交往中必须认真对待你和他人的第一次接触。在决定重要的第一印象时，我们往往只有一次机会表现自己。可以说，能给人留下美好的第一印象你就成功了一半。

1.影响个人形象的主要因素

影响个人形象的因素很多。人际交往中，人们对他人的第一印象主要来自对他人的身材、相貌、年龄、服饰、仪表、表情、姿态、态度、谈吐、举止等外在因素的感受。由于对这些外在因素的感受最为直观，因此，这些外在因素对第一印象的形成影响也很大。

YD033

随着交往的不断深入，影响个人形象的更深层次的内在心理因素开始发挥作用，其具体形式表现为对他人需要、动机、兴趣、性格、信念、世界观、个人修养等心理因素的逐渐了解。这需要通过长期的人际交往，逐步提高理解和认识的程度，日久才能"见人心"。

（1）影响个人形象的外在因素

个人的身材和相貌受遗传因素及其生活环境等因素的影响。在人际交往中对个人形象的影响是客观的。社会交往特别是初次接触时，不同身材和相貌的人给他人的直接心理影响显然也是不同的。如身材矮小的人会显得较为精明强干，高大魁梧的人则显得孔武有力，薄嘴唇的人看上去应该是能言善辩，厚嘴唇的人则给人以不善言谈的感觉等。这种影响很难通过个人的努力去改变，除特殊情况外，通常也无须刻意去改变它，只要稍加注意即可以与他人正常交往。而个人的服饰、仪表、表情、姿态、态度、谈吐、举止等外在因素却因其多样化的特性，可能在人际交往中对个人形象产生更大的影响，因此需要多加注意。

①服饰、仪表。仪表是社会交往中个人形象最直接的外在表现形式，一个仪表堂堂的人和一个不修边幅的人在社交活动中给人的感受当然是不同的。服饰的选择虽然是影响个人形象的一种较为典型的外在表现形式，但同时也在一定程度上反映人的内心世界，体现个人的价值观和审美情趣。不同场合的服饰选择和搭配的基本原则都是尽可能给他人以愉悦的心理感受。

②表情、姿态。人际交往中，面部表情和身体的姿态也是直接反映个人形象的重要外在因素。一般认为，表情是决定印

象好坏的最重要的因素之一。 心理学的研究成果认为，微笑是接纳、亲近的外在体现，如果嘴角的表情和双眸都能流露笑意的话，就能给人好印象。 表情刻板、过于严肃、没有一点笑容，会让对方感到紧张，以为你在拒绝他，从而妨碍他人与你的进一步接触和交流。

身体的姿态，是重要的肢体语言。 尽量采用开放式的姿态，避免诸如双手交叉抱于胸前，或叉腰之类的消极动作，减少过于死板或过于放松的身体姿态，这样会使你有更好的个人形象。

③态度、谈吐、举止。 对他人的态度直接反映个人形象，也影响着他人对你的看法。 积极热情的态度会帮助你提升形象。 文雅的谈吐和得体的举止会帮助你更好地赢得他人的认可和接受。

（2）影响个人形象的内在心理因素

心理活动支配人的外在行为，而人的外在行为往往又是其心理世界的自然流露。 社会交往中，影响个人形象的更深层次的内在心理因素如需要、动机、兴趣、性格、信念、世界观、个人修养等会通过不同的形式自然地表现出来。

一般的规律是，比较自信的人在人际交往中会表现得更为得体、大方，自然地流露出对他人的尊重，体现出更为良好的个人形象，也更受他人的欢迎。 而缺乏自信，甚至自卑的人则会在社交活动中表现出两种截然相反的反应：或消极被动，不愿与人接触；或过于敏感，不能接受任何不同的意见，表现为过度自尊。 个性外向、开朗的人往往乐于在社交活动中采取主动，而内向、腼腆的人则往往在人际互动中处于被动。

人际交往中，个人修养也会体现在具体的行为之中。 有良好个人修养的人会自觉地礼让他人，乐于为他人提供方便，他们会有更好的自我控制能力，可以更好地理解他人的不同意见，对分歧的处理也更为得体。

另外，人们的需要、动机、兴趣、信念、世界观、审美观等也都会影响到社交活动中人们的行为特征。而对这类影响个人形象的较深层次的内在心理因素的理解往往需要一个较长的过程。人际间更深层次的互动往往也更为倚重于彼此间心理的理解，在对他人心理活动了解程度不够深入的情况下，轻易地肯定或否定一个人都是不可取的。

2. 对仪表、举止的基本要求

现实生活中每个人都要参与社交活动，因为参与社交活动是个人生活、学习和工作的必然要求。在参与社交活动的过程中得到愉悦的心理体验也是人们共同的愿望。而只有那些言行得体的人才会在社交场合受到大家的欢迎。

不同形式的社交活动对仪表、举止的要求也会有所不同。如轻松的户外活动，不需要过于严肃，人们的举止可相对轻松；参与正式而隆重的交际活动时则需要严格地遵守相关礼仪规范的要求，对仪表、举止的约束和要求也更多。

参与社交活动时对仪表、举止的基本要求主要包括：

（1）服饰整洁、大方

无论社交活动的具体形式怎样，参与社交活动时，服饰的整洁、大方都是最基本的要求。即便是在户外的社交活动，穿着较为随意，也应注意到服饰的整洁，不能沾有污渍。参与正式而隆重的交际活动时更应注意服饰的选择要与特定环境的气氛保持一致，并表现出个人良好的精神风貌。

（2）言谈文明、得体

　　与人交往时必须使用文明用语，这是社交礼仪的基本要求之一。 同时，要注意不同交际对象的特点，选择得体的表达方式。

（3）举止轻松、自然

　　轻松、自然的举止会给人以良好的心理感受，提升个人形象。 参与社交活动时既要保持良好的个人风度，又要表现得轻松、自然。 过于拘谨的表现可能令你的形象大打折扣。

维护好自身的整体形象

出门前一定要审视一下自己的整体形象是否符合礼仪规范，不要等到出门以后才发现该带的东西没带齐、丝袜破了、扣子掉了、鞋子穿得不搭配……这是十分令人懊恼的。出门前养成自我检查的好习惯，这样可以增加自信，同时对突发事情也可以从容应对，不至于在他人面前自毁形象。

在日常生活中，维护好自身的整体形象，既是对他人最大的尊重，也是对自己负责。那么，如何才能维护好自身的整体形象呢？不妨参照以下几种方法：

1. 查看皮包

为了保持良好的外在形象，出门前必须检查皮包内的东西是否齐全。女士皮包中一般装有简便的化妆品、面纸、小笔记本、笔、证件、钱。物品确定齐全后，还要看一看皮包是否有磨损或开线的地方，如有最好换一个。

2. 检查牙齿

出门之前，还需要查看一下牙齿，看一看齿缝里是否有食物残渣，是否有口腔异味，如有需要的话，要重新刷牙或使用其他方法做进一步处理。

3. 检查手部卫生

手是人的第二张"面孔"，它长时间暴露在空气当中，是外在形象的一个方面。 所以在出门时，要仔细检查一下手部卫生。 看看指甲会不会太长、有没有肉刺、指甲里有没有污垢等。 为了美观，还可以涂上与服装相配的指甲油。

4. 仔细梳理头发

在人际交往中，头发同样可以给人留下深刻的印象。 整齐、大方的发型，可以给人轻松的感觉，而蓬乱的头发则让人看了心生厌恶。 所以，出门前还应该检查头发是否已梳理整齐，是不是该清洗了，发型是否与服装搭配，如有必要还应做进一步的调整。

5. 面部整洁很重要

脸部是整体形象的关键部位，评价一个人整体形象的好坏也是从面容开始的，为了塑造良好的整体形象，不能忽视了面部整洁。 出门前，必须检查妆是不是均匀、得体，颜色和服装是否协调。 仔细看清有没有浮油，如果有，立刻处理。

想要让自己的面部更加光彩照人，首先要做的就是及时保洁，每天早晚养成清洁面部的好习惯。 在出行前，要及时清除眼部的分泌物，让自己的眼睛更加闪亮。 平时洗头洗脸时也要适当地清洗耳孔中的分泌物。

6. 衣服要整齐

在整体形象中，服装占有一定的比例。 出门前要检查内衣有没有穿牢、扣子够不够结实、外装够不够整齐以及内衣、内裤有没有露在外面等。

7. 鞋子要搭配

鞋子的选择与服装的色调、款式要保持一致，这样才能更好地烘托整体形象，与人交往时才能更有自信心。 鞋子的颜色、款型，在选择衣服时就应该确定，为了防止不搭配、不协调，出门前应仔细斟酌一番，如需要调换，应及时更改。

人的外在形象在社交过程中非常重要，保持良好的整体形象对提升品位和气质有很大的帮助。

展现你的风度和气质

"不是我不注意，主要是太忙了，顾不上那么多啊！"

"没必要花费时间和精力在这些表面的工作上！"

对于形象问题，这是两种最常见的态度，前者认为忙，后者是对形象的认识不足，认为形象只是虚无缥缈的东西，认为成大事者不拘这些细节，结果如何呢？那就是这些不重形象者在人生各种大大小小的竞争和博弈中屡战屡败，吃尽苦头。

其实，外在形象也是一种竞争力。在社交场合中，人们常常根据对方的外貌、举止、谈吐、服饰等外在形象做出初步评价和形成某种印象，即第一印象。二十几岁的年轻人，要想在社会上更好地与人相处，在社会上立足，就要注意自己的着装是否得体、妆容是否得当、饰品是否符合身份等问题。

一个衣冠不整、邋邋遢遢的人和一个着装典雅、整洁利落的人在其他条件差不多的情况下，同去办一样分量的事情，结果可想而知，前者很可能受到冷落，而后者容易得到善待。尤其是到一个陌生的地方办事时，你给别人留下的第一印象更加重要。

不是有一种说法叫"人靠衣装马靠鞍"吗？仔细分析，这句话不无道理。恰当的着装不仅给人以好感，同时还直接反映出一个人的修养、气质与情操，它往往能在人们尚未了解你或你的才华之前，就透露出你是何种人物。

英国的一位心外科专家认为，整洁的外观和干净利落的外表对心脏外科医师来说是极为重要的。他认为："你可称其为虚荣，但是我认为，那是有关自尊心的问题。如果我打算给我的病人诊视，告诉他们如何治疗，而在谈话时他们看到我身体短粗肥胖，嘴角衔着根香烟，他们肯定会对我失去信任……没有谁想让一位作风邋遢、不修边幅的外科医生给自己做手术。"

所以说，良好的形象非常重要，它就如同一支美妙的乐曲，不仅能够给自身带来自信，还能给别人带来审美的愉悦，甚至也能"左右"他人的感觉，使你办起事来信心十足。因此，我们要随时注意保持良好的形象。

随着经济的迅猛发展，很多农民企业家迅速崛起，理查德就是其中之一。他以当地特产的优质大豆为原料，创办了一家豆粉饼加工厂。由于经营有方，业务很快就发展起来，不仅发展到了全美国，还发展到了亚洲地区。

一天，他收到了一份来自香港的大订单，便亲自带领工人连夜加班，终于在规定的时间内完成任务，将货物发往了香港。可是，几天之后香港打来电话，说货物有"质量问题"，要求退货。

理查德非常纳闷：自己的产品向来以质量过硬而赢得卓越信誉，况且，这批产品由自己亲自监工生产，怎么会出现质量问题呢？一定是其他环节出现了问题！想到这里，理查德收拾行李立即飞往香港。

当西装革履、风度翩翩的理查德出现在香港那家公司的总经理面前时，对方竟然惊讶地张大了嘴巴。虽然还不明白退货的问题出在哪里，但敏锐的理查德已从对方的细微变化中捕捉到了一些细节。

在随后两天的相处中，理查德不卑不亢、侃侃而谈，充分表现出一个现代企业家应有的气质和风度，最终不仅使"质量问题"烟消云散，还和那位总经理成了好朋友，成为长期的商业伙伴。

可是，"质量问题"究竟是怎么回事呢？理查德仍然不知道。因为他和对方谈的多是企业管理和人生修养方面的问题，他们根本没有再提什么质量问题。直到多年之后，理查德向那位总经理询问后才得知真正原因。

原来，这批货是香港那家公司的一个部门经理向理查德订的，总经理得知这批货是由农民企业家加工生产时，他在脑海里就凭空臆想出了一个蛮横的"农民形象"。他顾虑重重，对那批货看也不看，就做了退货的决定。可当形象良好、魅力十足的理查德突然出现在他面前时，他才知道自己犯了个多么可笑的错误。

从这个故事中，我们可以充分感受到形象对于一个人的重要性。亨利·福特曾说："好形象是一个人事业成功的通行证。"这句话无疑就是对理查德成功的最恰当注释，同时也为尚未成功的年轻人提供了一把打开成功大门的钥匙。

用微笑赢得一切

微笑是美好的面部表情，反映出一个人的内心世界，是自信的标志、礼貌的象征、涵养的外化、情感的体现。微笑具有无边的魅力，在和别人交往时，微笑比千言万语更有效。

家庭主妇小乔独自在家看一期法制节目，播的是关于注意门户、小心打劫的新闻。这时候，门铃响了，以为是婆婆回来的小乔问也没问，就把门打开了。然而，在小乔打开门的瞬间，她看见一个持刀的男人正恶狠狠地盯着自己，回想刚才的节目，她顿时明白自己遇到了什么情况。该怎么办呢？尖叫也不行吧？

这时小乔灵机一动，微笑着说："先生，你真会开玩笑！你是推销菜刀的吧？这菜刀的样式我喜欢，我要一把。"小乔边说还边假装让男人进屋，又接着说："你很像我以前的一位朋友，看到你真的很高兴。进屋喝点水吧！"

没想到会是这种情况，本来脸带杀气的歹徒慢慢地变得不好意思起来。他支支吾吾地说："谢……谢，谢谢！"

最后，小乔果真买下了那把菜刀。拿钱的时候，歹徒迟疑了一会儿才收下。在转身离去的时候，他对小乔说："小姐，你改变了我的一生！我们能做个朋友吗？"

可见，微笑能够以柔克刚，以静制动，沟通情感，融洽气氛，缓解矛盾，消融"坚冰"。例中的小乔正是利用了以静制动，沟通感情这一点，不但感动了歹徒还保全了自己。

一个有口才的人，就应该是爱微笑的人。做劝说的工作，要参加辩论和谈判，首先要打动别人的心；而动其心者莫先乎情，表情中最能征服人心的就是微笑。源于内心、表达真情实感的微笑，是取得说服效应的"心理武器"，也是取得辩论、谈判成功的要素之一。

在下列场合中可以微笑：

(1)表达赞美、歌颂时应微笑。

(2)上台与下台时应微笑。这样可拉近与听众的距离，给听众留下美好的印象。

(3)面对听众提问时，送上一缕微笑表示赞美与鼓励。

(4)对观众的言行做出评价时，可以配合着点头或摇头，脸挂微笑。

(5)面对喧闹的听众，演讲者可略带微笑地停顿。

生活中不论是交谈、辩论还是演讲，微笑有众多的效用，因此，微笑训练便成为必要项目。但是，微笑培养都有哪些技术上的要求呢？这里介绍一个小小的窍门，其发明人是我国著名的电影表演艺术家孙道临，只要说声"茄子"就行了。

练习微笑时，我们要注意微笑的特点：看看口腔开到什么程度为宜；嘴唇呈什么形态，圆的还是扁的；嘴角是平拉还是上提。进行微笑练习时，可以二人一组。

进行微笑练习时有如下动作：口腔打开到不露或刚露齿缝的程度，嘴唇呈扁形，嘴角微微上翘。结对练习时可根据上述归纳的重点重复练习，大家互相看看有哪些问题。

微笑时容易出现哪些毛病又该怎样纠正呢？

第一，微笑过度。

第二，笑得不自然。想要避免"皮笑肉不笑"的毛病，首先必须解决根本态度的问题。根本态度端正了，"皮笑肉不笑"的问题也就迎刃而解，这便能够从根本上区分真笑和假笑。

只要对交谈对象抱有真诚的态度，那么微笑就会帮助你达到良好的交谈效果。

还应该注意，如果你参加演讲，演讲中就不能从头到尾一味微笑，否则会让人感到你像一个弥勒佛，觉得你戴了一个假面具上台演讲，没有真情实感。特别是在表达不该笑的感情时更不能笑。

并非所有场合都要微笑，如召开重要会议、处理突发事件、参加追悼大会时，就不能面带微笑。平日在运用微笑表达感情时，要诚意自然，适度得体。

注意把握自己的表情

对于一个人来说，最复杂的是表情，最能打动人心的也是表情。表情会随着一个人心情、所处场合的不同而各有不同。如果心情愉快，表情会如沐春风；如果一个人内心忧郁、悲戚不堪，表情也会带着些许哀伤。

法国著名作家罗曼·罗兰曾经说过："面部表情是多少世纪培育成功的语言，是比嘴里讲得更复杂千万倍的语言。"现代传播学认为：人际交流的核心组成部分是表情。美国有一位心理学家研究指出：一个信息的传送 =7％的语言 +38％的音调 +55％的表情。

相对语言来说，表情更直观、形象一些，也容易得到别人的理解与察觉。一般来说，表情达意的方法有以下三种：

1. 头部的表情达意

头部动作在表情达意方面的表现力是比较强的，人们常见的头部动作有：点头、摇头、昂头、低头等。

（1）点头称是、点头会意、点头咂嘴——表示同意、肯定、赞赏和满意。

点头微笑——表示致意、感谢、客气、恭顺等。

（2）摇头：一般表示否定、反对、阻止或不以为然的态度。

摇首吐舌、摇首咋舌——表示惊讶、怀疑、不理解。

摇首顿足——表示不满和无可奈何等。

（3）头发：有保护头部和美容修饰的作用，也能起到表情达意之效。

怒发冲冠——表示异常愤怒。

毛发直竖——表示害怕至极。

耳鬓厮磨——恋人相处。

（4）在社交过程中，头部表现出正、倾、侧，也反映出人的不同心态。

身体直立，头部端正——表现出一种自信和庄重的风度。

头部前倾——表示倾听、同情和关心。

头部侧斜——表示对对方的谈话颇感兴趣。

2. 面部的表情达意

面部表情对人的语言起着解释、澄清、纠正和强化作用，在反映人内心的真实感受上具有相当的可靠性。

美国总统林肯曾说："一个人过了 40 岁就该对自己的脸孔负责。"这话不无道理的。 人的面貌虽然是先天生成的，但一个人的面部表情却可以随着人的心理活动而改变。 表情是一个人人格、气质和文化修养的具体体现，它既可流露出美好情怀，也可以反映出一个人的心计。 表情是每个人自身拥有的一笔宝贵财富。 这笔财富可以将自己的人格魅力充分展现出来。

面部表情是一个人内心情绪的外在表现，常常体现一个人的个性。 人们常说的"察言观色""心如其面"，就是告诉人们看人要先看脸，见脸如见心。 因为在体态语言中，面部表情的"词汇"最丰富，也最有表现力。 它能最迅速、最敏感、最充分地表现出人类的各种情感，如喜、怒、忧、思、悲、恐、惊等。 人们可以从面部表情的微妙变化中，看到一个人错综复杂的情感变化。

面部肌肉的收展也是情感的自然流露。 一般是喜则眉飞色舞,怒则咬牙切齿,哀则愁眉苦脸。

3. 眉目传情

俗话说:"眼睛会说话,眉毛会唱歌。"眉毛的动作多种多样,可以传达丰富的情感。 眉语可以用不同的语义来表示,如扬眉表示高兴,展眉表示安慰,飞眉表示兴奋至极,喜眉表示欢乐,竖眉表示震怒,横眉表示鄙视,皱眉表示难为情,锁眉表示愁苦,挤眉表示嘲笑,低眉表示服从。

许多有关"眉"的动作性词语,能够反映出眉目可以传达感情。 眉开眼笑、喜上眉梢表示喜悦;扬眉怒目、愁眉蹙额表示愤怒;愁眉泪眼、低眉垂眼表示悲哀;竖眉瞪眼表示惊慌不安。

"眼睛是心灵的窗户。"在众多体态语言中,眼睛最能沟通心灵、倾诉感情。 合理运用目光是一种重要的礼仪。 在人际交往过程中,目光可以表现出对对方的友好、亲切与关爱。 当人们想表达一种感情,而又不能用语言来表达之时,往往用眼睛来传达,这就是用眼睛传情达意,进一步使对方领悟你的意图。

最大限度地运用目光的表现力,能够创造一种最佳效果的交际氛围。 在社会中与人交往,应用直视、平视、正视、凝视等目光。 目光注视对方时间的长短也是有讲究的,要根据关系亲疏和对对方表示友好重视的程度,来决定目光注视时间的长短。

表情语言能够切实反映出人们的心理活动和情绪变化。 在人际交往中,学会观察对方面部表情是一种学问。 如果交往者喜上眉梢,你与他的交谈可以无拘无束;如果交往者怒目而视,你就要与之保持距离;如果交往者眉高眼低,则是对你轻视的表现,你就应该对其敬而远之。

第三章

巧妙搭讪，瞬间搞定陌生人

第一句话要亲切、贴心

初次见面的第一句话说好说坏，关系重大。 总体原则为亲切、贴心，尽量消除陌生感。 一般有这样三种方法：

1. 问候式

"您好"是向对方问候致意的常用语。 假如能够随着对象、时间的变化而变化问候语，效果会更好：

对于德高望重的长辈，适合说"您好"，以示敬意；

对年龄跟自己差不多的人称"你好"，显得亲切；

面对上司、主管，说"李总，您好""王总，您好"，有尊敬意味；

过节的时候，说"节日好""新年好"，使节日气氛更浓。

2. 敬慕式

对于初次见面者表示尊敬、仰慕，这是热情有礼的表现。采用这样的方式时一定要注意掌握分寸、恰到好处，不可以胡乱吹捧，"久闻大名，如雷贯耳"这种话尽量少讲，因为没有几个人会拿它当真，反而显得你有些不真诚。

表示尊重的内容应该因时因地而异。 如：

可以和您共同议事，是我的荣幸，希望今后多多指点。

今天对我来说是个特别的日子，有机会与大家合作，我感到非常荣幸！

3. 攀认式

赤壁之战中，鲁肃遇到诸葛亮的首句话是："我，子瑜友也。"子瑜，是诸葛亮的哥哥诸葛瑾，他是鲁肃的至交好友。鲁肃短短的一句话就拉近了他和诸葛亮之间的距离，奠定了两人之间的友情基础。

其实，职场中的两个人，只要相互留意，就会发现双方之间居然有着种种联系。就像：

你是复旦大学毕业生，我曾经在复旦进修过两年。这样算起来，我们怎么讲也是校友呢！

您已经是企业老前辈了，您热爱体育，我也是个体育爱好者，咱们也算得上是志趣相投啊！

你是湖南的，我是湖北的，一湖之隔，近在咫尺。缘分让我们在这里相遇了！

选用恰当的寒暄和客套话

寒暄和客套在大多数情况都是作为交谈的"开场白",主要用途是在人际交往中打破僵局,拉近距离,向交谈对象表示敬意,或是借以向对方表示乐于与之结交的意思。所以说,在与别人见面时,选用恰当的寒暄和客套语,往往会为双方的进一步交谈做好铺垫。反之,在本该与对方寒暄、客套几句的时候沉默不语,则是极其无礼的。

在被介绍给别人之后,应当跟对方寒暄。若只是点点头或握握手,通常会被理解为不想与之深谈,不愿与之结交。

跟初次见面的人寒暄,最常用的是:"您好!""很高兴能认识您!""见到您非常荣幸。"等等。

如果比较文雅,可以说"久仰"或者"幸会"。

表示恭敬,可以说"早听说过您的大名""某某某经常跟我谈起您",或是"我早就拜读过您的大作""我听过您做的报告"等。

碰上熟人,也应当跟他寒暄一两句。若视而不见,不置一词,会显得自己妄自尊大、目中无人。跟熟人寒暄,可以亲切一些、具体一些,可以说"好久没见了""又见面了",也可以讲:"您气色真好!""您的发型真棒!""您的孙子好可爱呀!""今天的风真大!""上班去吗?"等。

要避免程式化的套话,若是两人初次见面,一个说:"久闻大名,如雷贯耳,今日得见,三生有幸。"另一个则道:"岂敢,岂敢!"搞得像演古装戏一样,完全没有必要。

寒暄语应带有友好之意、敬重之心，不能敷衍了事，也不可以戏弄对方。"来了""瞧您那德行""喂，您又长膘了"等，自然均应禁用。

牵涉个人私生活、个人禁忌等方面的话题，最好不要提及。例如，一见面就问候别人"跟女朋友分手了没有"或是"现在还吃不吃中药"等，这些可能是对方反感的话题。

寒暄语可以没有实质性内容，也可长可短，需要因人、因时、因地而异。

初次交谈要扬长避短

有的办公室里经常人来人往，其中有很多从未谋面的来客。对于这样的客人，是视而不见，或者礼貌性地敷衍几句，还是热心地与之攀谈，勇敢迈出人际交往的第一步呢？选择全在一念之间。那么，怎样与陌生来客攀谈，给人留下亲切的良好印象，从而步入"一见如故"的理想境界呢？

"销售权威"霍依拉先生的交际诀窍是：初次交谈一定要扬人之长、避人之短。有一回，他拜访梅伊百货公司总经理，想要为报社拉广告。寒暄之后，霍依拉突然发问："您是在哪儿学会开飞机的？总经理能开飞机，可真不简单啊。"话音刚落，就引起了总经理的兴致，他谈兴勃发，广告之事当然成功解决，霍依拉本人还被总经理热情地邀请去搭乘他的私人飞机。

由于种种原因，在初次交谈的过程中可能会出现短暂的停顿，没有话题可谈的情况。这是一种完全正常的现象。多数人就此放弃，使初次交往戛然而止，这是非常可惜的。如果遇到这样的情况，一些轻松的话题是不错的选择，例如，个人爱好、旅游见闻等，以此继续交谈，展示出你与他交往的诚意。你可以尝试着向对方提出新的问题，即便对方做出了否定性的回答，也不要轻易放弃刚刚开启的话题，可由话题引申开去，也许就能拓展出新的对话空间。例如，问客人："您近期打算去旅游吗？"如果对方回答由于工作繁忙，没有时间出去旅游，你可以将话题转移到他的工作上。 在自己的努力下，谈话一般都可以继续下去。 当然，如果对方确实没有继续交谈的意愿，也不应强人所难。

在初次交谈时，应这样做：

（1）尽量说积极向上的话题，不要喋喋不休地谈论自己的不幸遭遇或者困难处境，让对方感到厌倦，进而把你视为一个悲观消极、不思进取的人。 这样的人不会有什么前途，也没有人愿意与之交往。

（2）适当控制语速，不能过快或过慢。 初次交谈，由于心里紧张，容易出现说话过快或者过慢的现象。 这种情况会影响客人对你的印象，认为你不够成熟、稳健或者缺乏活力与热情。 因此，要注意控制自己的语速，一旦发现语速过快或过慢，要停下来把说话的机会让给对方，使自己有机会调整。

（3）初次交谈结束时，应向对方话别，交换名片，互留联系方式，当然是在对方愿意的情况下。 不要让交流戛然而止，让客人感到突然和困惑。

少用"我"字开头，摆脱过度自恋

你是否每三句话就有一句会用"我"来开头？你是否认为很少有人能让你崇拜？你是否对别人的赞美和吹捧越来越感到喜欢？你是否越来越觉得自己是世界上最有魅力的人？你是否认为自己没有什么缺点？你是否总在用高姿态打量周围的每一个人……

如果是这样，那么，你可能是自恋患者。常言道："每一颗渴望成功的心，必然都需要有坚定的信念。"然而，为什么部分人成功了，而有的人却出局了呢？区别也许就在于你是不是足够自恋。自恋的人通常都足够自信，懂得欣赏、肯定和表现自己，但过分自恋的人就会失去这一切。生活中，人人都有一些自恋情结，但过度的自恋就是不自信。虽然时刻把"我"挂在嘴上，但其内心是极度地对自己没有信心，怕得不到别人的关注，所以才会用这种过度自恋的方式让别人都把目光投向自己，从而获得别人的关注。

也许从表面上看，这种人处处都为自己考虑，而实际上他们的一切利益都会因为自恋而受到了损害。因为自恋是一种对赞美成瘾的症状，为了获得赞美，有的人甚至不顾一切，比如，有人冒生命危险而求得"天下谁人不识君"的知名度，这就走向了自恋的另一面——自毁、自虐。

自恋是一种非理性的力量，不受人自身控制，所以就不能获得内心的宁静，会盲目地向前，没有一个可感可知的现实目标。

自恋的人也知道，总是从别人那里获得赞美是不可能的，所以他会不自觉地限定自己的活动范围，以回避外界一切可能伤及自己这种情结的因素。

　　在与别人的交往中，自恋的人的自私会使他失去他最看重的东西——来自别人的赞美。这对他来说是毁灭性的打击，使他陷入"追求赞美—失败—更强烈地追求—更大的失败"的恶性循环之中。

　　总而言之，过度自恋对个人的内心健康有损伤，还会使自己陷入一个尴尬的境地，人际圈子越来越窄。因此，如果你是过度自恋的人，那么请赶快甩掉"我、我、我"的自恋语吧。否则，这种自恋迟早会让你走入自我封闭的圈子里。

注重正确的说话方式

与他人攀谈不要过度谦卑，要热情谦虚、温文尔雅并且富有幽默感，这样的说话方式才能给人留下非常深刻的印象。

首先是不卑不亢。这里先说"不亢"。不亢就是谈话时不高高在上，不自以为是，假如你学识渊博，更不要看轻他人，要用心聆听别人的意见。所谓"智者千虑，必有一失；愚者千虑，必有一得"，就算别人不如你，但他的意见也不见得都不能用，而你的意见也不见得全都可取。如果你时时以高人一等的口气或专家的姿态出现，处处都想着要教训他人，别人肯定会对你反感。

当然，在交谈时有自卑感也是不可取的，一个对自己都没有信心的人很难得到别人的尊重和信任。例如，在交谈中，你处处都表现得畏畏缩缩，说什么都不懂，或者是"驴唇不对马嘴"，处处显示自己的无知，这是特别糟糕的。

自卑与谦虚，两者是大有区别的。谦虚在谈话中特别受人欢迎，既不失自己的身份，又不等同于幼稚无知。"虚怀若谷""不耻下问"等，这些都是交谈中谦虚的表现。简单明了地说，就是不自大自满，在交谈中遇到自己不知道的话题，不妨向对方提出疑问。这说明你动了脑子，既可以避免误解别人的谈话，又表示出赏识、尊重对方。这样，自然会让对方觉得你很可爱。

交谈时态度诚恳亲切，就会受到别人的尊重。如果你碰到一个油腔滑调、说话浮华不实的人，你应该会觉得非常不痛快，而且会从内心里反感。 所以，在社交的谈话中须保持诚恳的态度。

在同人交谈时，切记要保持正确的态度，既不卑不亢，又谦虚诚实。 因为只有这样，才能够构建良好的谈话基础，才能收到你希望的谈话效果。

善于制造余韵无穷的谈话

平时的谈话胜在自然大方，犹如穿衣，宽松舒适即可。可是这样的情况用在同事间的闲谈可以，如果是在正规一点的场合，切忌交谈口无遮拦、毫无章法。如果希望成功地进行沟通，必须善于制造余韵无穷的谈话，使得对方在离去后仍然不断咀嚼这次谈话。

发生过这样一个真实的故事。

在延安时，毛泽东主席发觉到机关工作人员有不良风气，希望找人谈谈。那时他正患慢性肩关节炎，于是找来保健医生朱仲丽，他问道："我这病的病因到底是什么？"朱医生观察了毛泽东住的窑洞后回答："就是从这个防空洞口灌进来的过堂风导致的。"毛泽东接口道："好，这个原因找出来了。看来，不正之风是可以使人生病的啊！此刻我从你这里学到了学问。我看，从防空洞里吹出来的风，也有逆风和歪风，一定要把它堵住。否则，真像你讲的那种情况，害死人！我们要赢得中国革命的胜利，首先要提防从防空洞里钻出来的歪风，绝不可有半点大意呀！"

毛泽东主席以他的智慧，依据医生的职业特点，用问病谈心的方式，引出一番道理，既令人产生兴趣，又引人深思，自然也让人易于领会接受。

　　在职场中，如果要让谈话留有余韵，就必须使用优美的语言。 如果为了加强印象，故意说一些不礼貌的言语，只会使对方反感，弄巧成拙。

学会抓住听者的心

语言可让别人对你改变看法，对你有一个全新的认识，抓住听者的心，就是最重要的手段之一。如何才能抓住听者的心？

1. 察言观色，了解对方心理

现代社会的人际交往，需要建立在察言观色的基础上，尽管有矫揉造作之嫌，但却是交际中必不可少的。因为少了察言观色，就会缺少原动力，失去有利优势，自然不能了解对方心理，更谈不上说出他人想听的话了。

例如，对一个刚刚失业的人来说，最讨厌听到的就是有关工作的话题。假如忽略对方所思所想，很可能说出不得体的话，使对方对你产生看法。此时，最应该做的，是尽力开导、安慰对方。借用一句歌词："心若在，梦就在，天地之间自有安排；论成败，人生豪迈，只不过是从头再来。"让对方重新振作起来，开创新的事业，还可以告诉他如今的许多成功人士也曾有艰辛的时期。这样，双方感情很快就会被拉近。

社交过程中，许多人感叹与人相处难于上青天。其实并非如此，只要具备察言观色的本领，就一定能把话说得更加动听，更能抓住听者的心。

2. 把握时机，巧妙插入话题

与人交谈的过程中，不要放过任何一个结交朋友的时机，一旦发现时机，一定要努力抓住。 但是，前提是要让所说之话抓住别人的心。 其实，要想把握住交谈时机并非难事。 只要在适当的时机介绍、表现自己，再以恰当的话题介入交谈，让对方充分了解自己，就能拉近双方感情，还有可能在言语上引起共鸣，获取收益。

王先生非常喜欢晨练。一天，他在晨练过程中，听到了一位女青年动听的歌声。王先生停住了脚步，静静地欣赏品味。片刻后，他很礼貌地对女青年说："你的歌声非常好听，你很有音乐天赋，你的歌声吸引了我。"女青年高兴地说："谢谢，我是北京音乐学院的学生，已经学习音乐三年多了。"双方经过介绍，逐渐找到了共同点，即热爱音乐，向往音乐的圣殿，这样，双方都加深了了解，拉近了彼此的距离。

实际交往中，会遇到形形色色的人，与人交往，一定要因人而异。 对待性格比自己更内向的人，要以轻松活泼的话题为主，如籍贯、天气等，千万不要跟对方谈论一些大的哲学道理或学术问题，这样，会给对方造成压力，为继续交谈制造障碍。 与性格外向的人交谈，最重要的，是营造一种轻松、愉悦的交谈气氛，尽可能引起对方的谈话欲望。

与人交谈，无论熟人还是陌生人，都必须注意谈话内容的选择，尽量避免那些容易引起争议的话和尖酸、刻薄的词语。为此，当选择某种话题时，要特别留神对方的眼神和小动作，如察觉对方厌倦此话题，应立即转换话题。 如果自己的言语伤害到了对方，必须立刻向对方道歉，请求对方的原谅。

3. 交谈还要收好尾

告别语运用恰当，不但能为此次交谈画上圆满的句号，还可以给别人留下深刻的印象，使对方产生意犹未尽的感觉，希望能再次与你交谈。如在结束语中，加入这样的祝福话语："身体健康，工作顺利""今天与您结识真是三生有幸，但愿能保持联系""有什么能帮上忙的事情尽管开口，我一定拼死效劳"等。当然，听者听到这类语言也应有所回应，如："听君一席话，胜读十年书。""天下没有不散的筵席，谢谢你的盛情款待。"这样，谈话双方的感情，一定会升华到一个新高度，为日后交往奠定基础。

其实，要想把话题深入下去，使双方产生共鸣，最为有效的办法，就是谨遵上述几点。情要热，语要妙。情热，是指用满腔热情对待交谈对象，待人必须真诚；语妙，就是指用词得当、彬彬有礼，表现出应有的风度。切忌不顾及对方感受，自顾自地讲个没完；过分热情也会给人传递错误的信号，使对方认为你对他图谋不轨，从而对你提高戒备心理，这对深入话题、引起共鸣非常不利。

与人交谈时，只有抓住对方的心，才能把话说得更漂亮、动听，才能给人留下深刻印象。要知道，一句漂亮的话，如同一颗善意的"种子"，诚挚精心护理之下，定能开花结果。

第四章

找好话题，让别人愿意谈下去

初次见面，多准备一些话题

富兰克林·罗斯福刚从非洲回到美国，准备参加1912年的参议员竞选。因为他是西奥多·罗斯福的堂弟，又是一位有名的律师，自然知名度很高。宴会上的人都认识他，但他并不认识有些来宾。而且，他看得出虽然这些人都认识他，但表情却很冷漠，看不出对他有好感的样子。

于是，罗斯福想出了一个接近这些自己不认识的人并能同他们搭话的主意。他对坐在自己旁边的陆思瓦特博士悄声说道："陆思瓦特博士，请你把坐在我对面的那些客人的大致情况告诉我，好吗？"陆思瓦特博士便把每个人的大致情况告诉了罗斯福。

了解大致情况后，罗斯福借口向那些不认识的客人提出一些简单的问题，经过交谈，罗斯福了解到了他们的性格特点、爱好，知道他们曾从事过什么事业，最得意的是什么。掌握这些信息后，罗斯福就有了同他们交谈的话题，话题内容丰富，引起了他们的兴趣。在不知不觉中，罗斯福便成了他们的新朋友。

1933年，罗斯福当上了美国总统，在和不认识的人首次见面的时候，他依旧会先了解对方。著名的美国新闻记者麦克逊曾经这样评价罗斯福总统，他说："在每一个人进来谒见罗斯福之前，关于这个人的一切情况，他早已了若指掌了。大多数人都喜欢顺耳之言，对他们做适当的颂扬，就无异于让他们觉得你对他们的一切事情都是知道的，并且都记在心里。"

多找些可以交流与沟通的话题，吸引对方的注意力，让对方觉得彼此已经是多年的好友了，自然而然就会增加好感，事情也就能够很顺利地完成。

第一次和别人打交道时，双方都不免有些拘谨，有层隔膜。如果有人主动、大方地打破这层隔膜，对方也能很快融入进来。在初次见面的时候，多准备一些话题，增强对方的熟悉度就显得比较重要了，也是体现一个人口才运用技术的时候。

小薇是某大学临时的辅导员，主管新生的入学教育。在军训的时候，小薇发现学院内有个学生显得很不合群。经过一段时间的观察，也侧面地和其他同学进行了解后，她觉得这个学生的情况较为特殊，并不是刚进入大学不适应环境造成的，可能存在其他的原因，就想立刻找这个学生谈话。然而，小薇转念一想，如果很直白地去询问这个同学发生了什么事情，很难得到真话。于是，小薇就多准备了一些话题，比如学习情况、寝室同学关系、家庭情况、兴趣、特长等，在彼此陷入尴尬的时候，既可以更好地进行话题转换，也可以让这个同学意识到老师是真的关心他，拉近了彼此之间的距离。让这个同学感到他们不仅仅是师生关系，更是朋友关系。

小薇和这个同学初次见面的时候就建立了良好的关系，让这位同学逐渐放下了防备，也慢慢地将真实情况告诉了小薇。

初次见面，多准备一些话题有备无患，不但能够缓解气氛，还能够让对方认识到你是真诚的，让彼此一见如故，沟通也比较愉快。

我们每一个人都应当学会与不认识的人建立良好的沟通关系，在初次见面的时候，就能愉快交流，增强自身在对方心目中的印象，变得一见如故。如果有彼此都熟识的朋友，可以事先做好工作，了解对方的职业、兴趣等，有针对性地寻找话题，这样更能引起对方的兴趣，有助于沟通较为顺利地进行。

夏红与李果都是北京人，在一个聚会中两个人凑到了一起。李果听说夏红是北京人，就事先准备了一些可以谈论的话题，比如小时候最喜欢去的地方、最喜欢吃的东西……双方共同的朋友小溪将彼此介绍给对方之后，随口说了下你们可是老乡呢。乡情将两个人拉在了一起，之后剩下夏红与李果两个人的时候，彼此就多了一个可以谈论的话题——北京，可以谈天安门、故宫、长城、北京的新变化，两人交流得很愉快。

初次见面，是不是能够给对方留下好的印象，关键就在于彼此的交流是否顺利。要想建立良好的交流关系，关键是要彼此有话题可谈，而且这个话题能够让彼此形成共鸣，都有兴趣。这不仅需要事先设想一下对方可能感兴趣的话题，尽可能多了解一下对方的情况，还需要多准备一些话题。

五感变敏锐，随处有话题

交际场合往往会出现这种情况：有的人口若悬河，滔滔不绝，十分健谈；而有的人即使坐了半天，也无从插话，找不到话题。讲话要及时切入话题，首先必须要锻炼自己敏锐的五官，因为五官敏锐能帮助你快速地找到与对方共同关心的基本点。

相信很多人都注意到了这样一个现象：与某个人闲聊时，只要谈到某个话题，就会聊得很起劲，他会很高兴，会更加友好地对待我们。

有位先生和朋友去拜访一位教授，那教授为人严肃，不苟言笑。坐了半天，除了开头说了几句应酬话，剩下的全是让人尴尬的沉默。

忽然，那位先生看到教授家养的热带鱼，其中几条色彩斑斓，游起来让人眼花缭乱。那位先生知道这鱼叫"地图"，因为自己也养了几条，还很得意地为朋友介绍过。教授见那位先生神情专注，就笑着问："还可以吧？才买的，见过吗？"那位先生说："还真没见过。叫什么名字？明儿我也打算养几条呢！"当时，他的朋友不解地看着他，心想：装什么糊涂，不是上星期才到你家看过吗？

教授一听，来了兴致，大谈了一通养鱼经，那位先生听得频频点头。教授像是遇到了知音，说说笑笑，如数家珍地给他讲每条鱼的来历、特征，又拉着他到书房看自己收集的各类名贵热带鱼的照片，气氛顿时活跃起来。他们一直聊到吃过晚饭才散，朋友这时才领悟到那位先生说谎话的用意。

在这个故事中，那位先生用自己敏锐的视觉感官发现了教授对热带鱼的喜爱，使本来几乎陷入僵局的交谈又顺利地进行下去了。由此可见，一个人如果能够随时保持敏锐的五感，就能够快速找到切入话题的方法，化解尴尬。

有一位业务员去一家公司销售电脑的时候，偶然看到这位公司老总的书架上摆放着几本关于金融投资方面的书。刚好这名业务员对于金融投资比较感兴趣，所以，就和这位老总聊起了投资的话题。结果，两个人聊得热火朝天，从股票聊到外汇，从保险聊到期货，聊人民币的增值，聊最佳的投资模式，聊得都忘记了时间。

直到中午的时候，这位老总才突然想起来，问这名业务员："你销售的那个产品怎么样?"这名业务员立即抓住机会给他做了介绍，老总听完之后就说："好的，没问题，咱们就签合同吧!"

这位业务员能够快速与公司的老总从相识、交谈到最终的熟悉，就在于他用敏锐的五感（视觉）快速发现了对方的兴趣点——金融投资，从而找到了彼此间谈话的话题，让交流顺利进行下去，最终成功得到了订单。

由此可见，保持五感敏锐对于寻找聊天的共同话题是多么重要。 当你初次与他人交谈时，首先要解决好的问题便是尽快熟悉对方，消除陌生。 你可以设法在短时间里，通过敏锐的观察初步地了解：他的发型，他的服饰，他的领带，他的烟盒、打火机，他随身带的提包，他说话时的声调及他的眼神等，这些都可以给你提供了解他的线索。 如果他是公司的领导，了解他便会有更多的依据：墙上挂的画、办公桌上的照片、书橱里的书等，这一切都会向你透露关于主人的情趣、爱好和修养等。

总而言之，一个人只要五感变敏锐了，就能随时发现聊天的话题，为两个人之间架起沟通的桥梁。 不过在话题的选择中，还有一些讲究必须注意。 例如：不谈对方深以为憾的缺点和弱点；不谈上司、同事以及一些朋友们的坏话；不谈别人的隐私；不谈不景气、手头紧之类的话；不谈一些荒诞离奇的事情；不询问妇女的年龄、婚姻状况、家庭财产等；不说个人恩怨和牢骚；不说一些尚未明辨的隐衷是非；避开令人不愉快的疾病详情；忌夸自己的成就和得意之处。

运用联想，延伸话题

　　工作和生活中，只要我们仔细观察，善于动脑，到处可以捕捉到话题的"影子"。比方说你和同事在聊电灯开关的问题，聊完电灯开关可能就没话题了，这时你可以展开自己的联想，对电灯开关作进一步的纵向思考，就会有意想不到的收获：电灯开关——声控电灯开关——光控电灯开关——声、光双控电灯开关——声、光、手动三控电灯开关……按这样的思路纵向深入思考，或许你就会发明一种新型的电灯开关。

　　联想会为思维和语言插上翅膀。要在语言表达中"飞"起来，就必须通过学习和实践长出这样的翅膀。当你和他人的谈话不知道如何进行下去的时候，不妨顺水推舟接着对方的话茬展开自己的联想往另外方面引申。

　　马寅初在担任北京大学校长期间，有一次在百忙中抽空参加中文系郭良夫老师的结婚典礼。贺喜的人们发现校长亲临现场，情绪顿时高涨起来，鼓掌欢迎马校长即席致辞。马寅初本来没有想到自己要讲话，但是既然大家热情相邀，又不能让大家扫兴。讲什么呢？多夸奖新郎几句吧，又显得是客套话；讲学问吧，显然不切时宜。最后，他来了个一句话的演讲："我想请新娘放心，因为根据新郎大名，他就一定是位好丈夫！"人们听了马校长的这一句话，起初莫名其妙，后来联系到新郎的大名，恍然大悟：良夫，不就是善良美好的丈夫吗？

在没有准备的情况下，马寅初展开丰富的联想，由新郎的大名联想到善良美好的丈夫这一话题，让婚礼现场的气氛更加热烈。

联想让未来的世界进入我们的大脑，让我们的思维突破旧的格局。与他人谈话若失去了联想，谈话就很难继续进行下去。

一个村办小厂的厂长，希望与一家大集团公司建立协作关系，但遭到大集团公司副经理的拒绝。第二天，他又找上门，要直接面见总经理，他被告知，谈话时间不得超过 5 分钟。

他被引荐给总经理时，发现总经理正在小心翼翼地掸去一幅书法立轴上的灰尘。他仔细一看，是篆书，便说："总经理，看来您对书法一定很有研究。唔，这幅篆书写得多好，看这里悬针垂露之法的用笔，就具有一种多样的变化美……"总经理一听，啊，此人谈吐不凡，一定是书法同行，于是说："请坐，请坐下细谈。"

他们从书法谈到经历，总经理还讲述了自己的奋斗史，小厂厂长很懂说话艺术，谈话时适时提问，使总经理得以最大范围地展开叙述。最后，总经理很痛快地就和那家小厂合作了。

故事中小厂的厂长从书法联想到个人经历，引出话题让总经理讲述了自己的奋斗史，可见小厂厂长很懂说话要联想的艺术，最终达到了自己的目的。

联想让我们的思维变得活跃。正如美国著名心理学专家、成功学大师安东尼·罗宾斯所认为的那样，联想能带领我们超越以往的认知范围和视野。想象对我们每一个人都很重要，如果在工作中缺乏想象，我们就很难做出令人信服的创意。许多作家在创作时也往往让自己的视觉、听觉、味觉、触觉各种感观都搭上想象的快车，让自己的大脑达到新的境界。法国作家福楼拜说，当他描写包法利夫人自杀时，就曾感觉到了自己口中砒霜的味道。世界大文豪托尔斯泰的想象更是发展到了极致，以至于他有时会把过去经历的事情和想象的东西混淆起来。俄国著名作家冈察洛夫说："小说中的人物常常使我不能安静，他们紧紧地跟着我。我听到谈话的片断，常常认为这不是自己想象出来的，而就发生在身边。"

联想是人与生俱来的天赋。不过，它有赖于我们经验和知识的积累。一般而言，联想思维有下列几种类型：相似联想、启发联想、离奇联想、质疑联想、审美联想、飞跃联想等。

要培养自己拓展话题的联想力，可以从以下几个方面入手：

（1）注重发散思维的培养。按照美国心理学家吉尔福德的看法，当发散思维表现为外部行为时，就代表了个人的创造能力。当进行创新的发散思维的时候，特别是在设想阶段的时候，应该尽最大可能地打破脑中原有的约束，让大脑沉浸在一片空白的空间中，尽情地联想。

因此，要想培养发散的思维，不妨让自己在思考问题时不拘泥于形式，多开动脑筋，让自己的联想力和思维拓展能力得到最大限度的发挥。

（2）在多数人不愿接受以及不愿考虑的事情上，不去循规蹈矩，敢于质疑一切老生常谈的问题。勇于突破限制，在完成任何一件事情的过程中，善于重组规则。

（3）培养急骤性的想象能力，即在集思广益中迸发出创造性观点。万事都要乐于去问一个为什么，乐于去敏锐地观察，以时刻联想出新方法。

和这个人，就是要聊这个

俗话说："青菜萝卜，各有所好。"人的偏好不同，社会的供给也应丰富多彩。正所谓"一把钥匙开一把锁"，人的年龄、性别、个性、爱好、性格、文化程度、家庭环境等都存在着差异，每件事情用同样的方法是解决不了问题的。在与他人谈话的时候必须做到因人因事而异，从而达到心灵的沟通，相互理解。

与人交谈，要因人而异，这样才能与你要交谈的对象产生共鸣，有助于你的交往。否则，不但会影响你的人际关系，还会闹出一些笑话。也就是说，跟什么人说话就要聊什么样的话题。

孔子是我国古代有名的大教育家，人称"孔圣人"。孔子带领众弟子周游列国时，有一个问题被不同的人问起，孔子就有不同的回答。有一农民问孔子："太阳从什么方向出来？又在什么地方落下？"孔子回答说："太阳从东山出来，在西山落下。"农民说："你果然是圣人，心服了！"有一商人问孔子："太阳从何方出来？又将落于何方？"孔子答到："太阳从东海出，向西海落去。"商人说："你终究是圣人，心服了！"有一文人问孔子："日从何方出？日向何方落？"孔子答："日从东天出，日向西天落。"文人说："你果然是圣人，心服也!"同样一个问题,孔子因何会有三个答案?因为,农民、商人、文人的视野与知识都不相同,一个答案满足不了各方要求,孔子只有按其所知,答其所问。因此,孔子就是孔子,以其水平回答,才能成为不同界层的圣人!

由此可以看出,说话一定要看对象,要不然,即使你能够口若悬河,滔滔不绝,对方也可能不会对你说的话感兴趣。

　　亚当森是美国优美座位公司经理。在一次参加宴会的时候,他得知伊斯曼捐巨款要在曼彻斯特建造音乐厅、纪念馆和剧院。许多制造商都已前来洽谈过,但没有结果。亚当森希望能争取到这笔生意,更希望借此扩大公司的名声,树立公司在市场竞争中的形象。因此,他也来到柯达公司总部,想要面见柯达公司总裁伊斯曼。

　　他向柯达公司总裁秘书说明自己的来意后,秘书通报并告诫他:"我知道你急于得到这笔订单,但我现在可以告诉你:如果你占用伊斯曼先生五分钟以上时间,你就完了。他是个大忙人,所以你进去后要迅速地讲,讲完后马上出来。"

　　于是,秘书领着亚当森进入了伊斯曼的办公室,伊斯曼正在忙着整理资料。亚当森环视办公室,等到伊斯曼忙完了他才说:"伊斯曼先生,当我在这里等候您的时候,我仔细观察了您的这间办公室。我本人长期从事室内的木工装修,但从未见过装修得这么精致的办公室。"

"哎呀！您提醒了我差不多已经忘记了的事情。"在这个时候，伊斯曼总裁好像对此特别感兴趣，高兴地说，"这间办公室是我亲自设计的，当初刚建好的时候，喜欢极了。但是后来一忙，一连几个星期我都没有机会仔细欣赏一下这个房间了。"

说到这里，伊斯曼总裁非常高兴，于是，他又接着说："墙上装修用的木板是从英国进口的橡木，是我的一位专门研究室内细木的朋友专程去英国为我订的货。"

伊斯曼总裁情绪极好，竟然站起身来，撇下那堆待批的文件，带着亚当森仔细参观起办公室来了。他把办公室内的所有装饰一件一件向亚当森介绍，从木制谈到比例，又从比例谈到颜色，从工艺谈到价格，然后详细地介绍了他设计的过程。亚当森微笑着聆听，饶有兴致，并且不时地给予继续的示意和鼓励。亚当森还不失时机地询问伊斯曼的奋斗经历。伊斯曼便向他讲述了自己的苦难时光和坎坷经历，如何在贫困的生活中挣扎以及发明柯达相机的经过等。

在此过程中，亚当森不但听得聚精会神，而且发自内心地表示敬意。这个时候，伊斯曼总裁对亚当森说："上次我买了几把椅子，放在我家的走廊里，但由于日晒，都脱漆了。我昨天到街上买了油漆，打算自己把它重新漆好。您有兴趣看看我的油漆表演吗？到我家去和我一起吃午饭，再看一下我的手艺。"

其结果当然是可想而知的，亚当森不仅得到了这笔工程的订单，还和伊斯曼结下终身的友谊。他成功的诀窍很简单，通过"游说"，千方百计激发对方谈话的兴趣，从而建立真正的朋友关系，生意自然好做了。

另外，当你与对方交谈时，你也必须考虑到对方的文化背景，因为不同文化背景的人，在说话方式上也会呈现不同的特点。从事不同职业、具有不同专长的人，他们所接触的信息类型和话题往往不相同，而他们会因为不同的专业知识和经验，对不同的话题感兴趣。因此，如果你以对方一窍不通或一知半解的事物作为话题，他们就会觉得味同嚼蜡，这样，你想与对方继续深谈将会十分困难。相反，如果你能抓住对方职业或专长上的特点"对症下药"，借此作为交谈的话题，就容易拉近心灵间的距离，从而使双方产生极佳的共鸣。

正所谓见什么人说什么话，到什么山唱什么歌。在聊天中要做到言语得当，就应学会针对不同的人说不同的话。比如，和年龄大一点、有孩子的同事在一起，话题就可以是孩子，你可以听他们说说孩子的趣事，附和几句；和年长的同事聊天，要有一种请教的姿态，表现出你希望听到他的建议和教诲；和喜欢打篮球的朋友在一起，你就可以多和他聊聊篮球的事……

综观以上情况，因人而异的谈话方式不仅体现了你自身的素质和修养，也让对方感受到尊重与信任。因此，对于这种说话技巧，我们不可不知、不可不学！

最新的时事话题，要马上使用

　　时事话题就是那些在一定时间、一定范围内高频率运用于人们口头交际中的鲜活、新潮的话题。它和着时代的脉搏，折射出生活的灵光，为人们的日常言谈增添魅力与色彩。北京大学教授陈平原说过："最近两年，大学校长在毕业典礼上致辞，越来越喜欢'飙潮语'，演讲中夹杂大量网络语言，借此收获满堂掌声。"可见，说一些流行语是引起对方兴趣的一种不错的选择。

　　闲聊无时无刻不在发生，尽管他人的兴趣、家长里短、人生理想等都可以作为闲聊的话题，但如果总是聊这些，难免会产生厌烦的感觉。出现这种情况的时候，我们不妨多来聊聊最新发生的时事话题，提高闲聊话题的新鲜度。换句话说，时事话题，或是新闻最近常提到的社会实践，也是我们可以切入话题的范畴。即使是闲聊，我们也要尽量让闲聊的内容保持新鲜。

　　越是时事消息就越能让谈话者聊得起劲，因为谈时事消息为谈话的双方能够畅所欲言提供了可能。时事话题具有很高的新鲜度，而且不必费尽心思刻意寻找。比如，我们每天都会浏览大量的新闻，新闻中的最新报道就可以拿来作为闲聊的话题。

　　　　我们从昨天晚上的《新闻联播》中知道，最近物价一直在上涨而且涨得非常厉害。今天，如果我们在散步时遇到了邻居就不必再担心会出现大眼瞪小眼的尴尬情况了，也不必再说一些像"今天的天气真好啊""吃了吗"之类的客套话。因为你完全可以跟邻居谈一下最近的时事话题——物价的涨幅惊人。通过物价的上涨引出你们之间的话题后，你们就有了谈下去的可能，可以通过物价上涨进而谈到现在生活成本的提高、生活的不容易，等等。例如，可以说："哎，现在生活真是越来越不容易了，猪肉都快30元一公斤了，再涨，我们老百姓就连肉也吃不起了。"

因为对方对此也很熟悉，他们可能会回应一句："谁说不是呢！"

有了这个互动的开始，就可以将话题延伸开去，将闲聊进行下去。倘若对方是一个很注重个人健康的人，就可以接着说："不过听说总吃猪肉对身体不怎么好，容易'三高'，我现在血脂就有些高，不知道是不是吃猪肉吃的？"

从某种意义上说，时事是万能的、实用性很强的话题题材。以它为话题，既不会触犯他人的禁忌，也不存在价值观、利益等方面的冲突，完全不会引发他人的排斥感。同时，时事永远都是新鲜的，是多数人感兴趣的。更重要的是，时事方面的话题很好收集素材。我们只需要在日常的工作和生活中多关注身边发生的时事新闻即可，如微博上的消息、新闻中的报道等。

把近期的新闻作为话题，是与人交谈的一个很好的选择。

周围发生的、大家比较关注的事情，比如房价的情况、交通方面的最新情况等可以作为聊天的话题。时事话题能让我们在谈话中随时避免无话可说的尴尬，虽然它在快速拉近彼此距离、消除隔阂方面的作用相对欠缺，但总的来说，这并不影响时事话题对我们的吸引力。因为时事话题能带给闲聊活力，能让我们闲聊的话题无论什么时候都有新意，进而赢得他人的认可。

另外，需要我们注意的是，信息和新闻是有生命的东西，所以"跑"得很快。为了更好地发挥时事话题的作用，就应该将收集到的时事话题马上运用到我们的聊天中来。只有保持闲聊题材的新鲜度，才能炒热谈话聊天的气氛。

一个话题衍生出十个话题的具体方法

对那些不会聊天的人来说，即使再怎么刻意、努力地收集话题，也仍会觉得与他人聊天时话题不够用。而善于聊天的人正好相反，他们不必专门收集话题，也能拥有取之不尽用之不竭的话题，从来不会为闲聊时没话题而担忧。这是什么原因呢？

出现这种情况最根本的原因是，会聊天的人懂得怎样从一个话题衍生出更多的话题。比如，两个人正在聊昨天看了什么电视，不会聊天的人可能说完自己看了××电视之后就无话可谈了；而对于会聊天的人来说，他会从看了什么电视当中衍生出无数的话题——剧中人物的现实意义、演员演的效果如何、导演的立意、哪个演员更适合演这部电视剧，等等。

这样一来，聊天的话题就会取之不尽，用之不竭了。当然，要做到这一点并不容易，你可以参考以下几个方面来提高自己衍生话题的能力。

1. 培养自己对话题的灵敏度

一个话题能衍生到什么程度，就要看说话者对这个话题反应的灵敏度，因此，我们要培养自己对任何话题都能够灵敏反应的能力。

2. 有意识地培养自己从多方面来看待问题的思维能力

比如，当我们在谈论《小爸爸》这部电视剧的时候，我们不仅要看到这部电视剧本身，还可以有意识地训练自己关注与此相关的各个方面：现实生活中的小爸爸们都会遇到哪些问题？越来越多的80后、90后成为父母，他们是怎样教育孩子的？现在社会上的一些年轻人为什么不想要孩子？……这样一来，话题就得到了无限地延伸。

3. 在日常生活中尽量伸展接受信息的触角

这样能让自己处于容易接受各种事物刺激的状态。当事件带给我们的感触是多方面的时候，我们便能轻松地衍生出更多的话题。具体来说，如果每天不看报纸、不听新闻、不与人聊天，那么显然接收到的刺激是相当有限的，闲聊的话题自然也就少之又少了。如果你在这方面做得不好就要多看多读以此培养语感，加强对语言的自发控制力。另外，平时应注意语言实践，多听、多说、多练，这样能够提高语言的敏感度、清晰度，增强语言材料的丰富性、逻辑性。如果我们在这方面比较欠缺，就要有意识地让自己多接触电视、杂志、网络等媒体。

4. 做衍生话题的训练

只要听到一个有可能作为闲聊话题的事件，就训练自己以此为基础衍生出更多的话题。一开始，以衍生出三个话题为要求，然后逐渐增多，一点一点提升自己。

第五章

把话回得妙，搭讪效果会更好

让对方感觉到你在认真听

在人的一生中，每个人都在寻找一种感觉，这种感觉是什么呢？ 是重要感。 在和别人沟通的时候，你是一直不断地在讲还是认真地在听别人讲话呢？ 如果是一直在听别人讲话，就会让说话的人感觉自己很重要。

说话有说话的方法，倾听也有倾听的技巧。 要想使他人对你不反感，能够有意愿与你交谈，不仅要善于倾听，更重要的是要让对方感受到你在认真地听。 如果你能在别人说话时恰当地应和说"我在认真听着呢"，就能让你们的谈话进行得更加顺利。 也就是说，你在听的同时，要让对方感受到你内心的潜台词，即"我觉得你的话很有意思""再和我多聊会儿"等。

要做到这一点并不难，我们提倡在听别人说话时，要不时地做出反应，如附和几句"是的"等话语，这样既让说者知道你在听他说，又让他感觉你在尊重他，使他对你产生浓厚的兴趣。 另外，还可以将"啊""哦""嗯""哎""哇"这些语气词适当地加到对话之中。 这样做不仅可以将"自己在认真听"的信息传达给对方，还可以使整个对话过程更有节奏感，从而让对方感觉容易开口。 如果觉得对话一开始就不太顺利，不妨试着用一下这个方法。

不过，如果只是重复使用这个方法的话，不免会让人觉得像机器一样。 一旦你们之间的对话不能互相理解、形成共鸣的话，你将失去作为谈话对象的必要性。 那么，结束谈话也只是时间的问题了。 因此，你必须要懂得适时回应对方才行。

奥罗隆·西格曼是美国马里兰大学的心理学家，为了证明听者的态度对说者有着极大的影响，她曾做过这样一个实验。

她将 48 名女大学生组织起来，进行了一项调查。在这项调查中，女大学生要分别进行两个阶段的面试，而面试官中的男性，则分别表现出回应和不作回应两种反应，以观察对话的变化情况。最后，由女大学生分别做出评价，并选出"自己喜欢的有亲和力的面试官"。

调查结果表明，当面试官在第一阶段进行了回应，在第二阶段不回应时，评价就会有下降的趋势；当在对话开始时回应，但对话后期不再回应时，就会让人感觉到随便、冷漠。

不管对话有多么无聊，不管自己多么不情愿，对话成功与否的决定因素是有没有将回应坚持到底。如果不坚持，那么就连最基本的评价也会大打折扣。

合时合宜的回应不仅表示了你对说话者观点的赞赏，而且还暗含着对他的鼓励之意。当你对某人的谈话表示赞同时，你可以说："你说得太棒了！""非常正确！""这确实让人气愤！"虽然只是简洁的回应，但却能让说话者为想释放的情感找到了载体，也表达了你对他的理解和支持。

一位老教授和自己的几个学生闲聊时，说起自己当年读研时候的事，他说："你们现在的生活可真丰富，校园内有体育馆，校园外有游乐园。当年，我在你们这个阶段,生活的世界里只有课堂、图书馆和宿舍。"

　　学生们都笑了,教授继续说道:"不过,那个时候精力都用在读书上也好,搞科研嘛,基础知识不扎实根本无法谈及创新。还记得我做了一个关于青藏高原地质变迁的课题,除了要查自然地理方面的书,还要查一些地质演变与生物演化方面的书。那时候,科学根本没有现在这么发达,哪里有什么计算机、文献电子稿啊,完全依靠图书馆里纸质的资料,跟你们现在做项目比要难多喽!"说着,教授停顿了下来,端起茶杯喝了两口。

　　这时,其中一个学生恭敬地问道:"老师,您当年的研究方向是青藏高原的地质变迁问题,可参考资料却涉及区域内的生物演化,当时是不是很少有人将这两个角度结合考虑?"

　　听完,教授会心地笑了,看了看这位好问的学生,他说:"很多时候,别人没想到的地方你想到了,才会有意外的收获,才能够创新。不信,我们来举个现在的例子,就说说你正在进行的课题吧!"接下来,教授在得意于自己的创意之余,顺便给了那名巧妙提问的学生一些很有创意的课题指导。而其他只知道倾听的学生,则只能继续做听众。

回应是一项最基本的倾听技巧,就算仅能做到回应别人的程度,对方也会产生"这个人是在认真听我讲话"的感觉。 当然,如果对方提出的是一些尖锐的话题,那还是不插嘴为好,否则很容易导致言语冲突。

万事都要把握分寸。 许多人过分相信自己的理解和判断能力，往往不等别人把话说完就中途插嘴，这种急躁的态度很容易造成损失，不仅容易弄错对方说话的意图，还有失礼貌。 当然，在别人说话时一言不发也不好，对方将关键的问题说完后，你若只看着对方而不说话，对方会感到很尴尬，会以为自己没有说清楚而继续说下去。

还有不少人在倾听别人说话时表现出唯唯诺诺的样子，好像什么都听进去了，可等到别人说完，他却又问道："很抱歉，你刚才说什么？"这种态度，对于说话者来说是有失礼节的。 所以说，即使你真的没听懂，或听漏了一两句，也千万别在对方说话途中突然提出问题，必须等到别人把话说完，再提出："很抱歉！ 刚才中间有一两句你说的是……吗？"如果你在对方谈话中间打断，问："等等，你刚才这句话能不能再重复一遍？"这样，会使对方有一种受到命令或指示的感觉，显然，他对你的印象就没那么好了。

尽管在谈话中，要确切了解对方的真正意思并不容易，但只要能认真倾听对方所说的话，并且适时地回应"嗯""是的""我了解"，将你在专心倾听的状态传达给对方，对方就会觉得你是理解他的，进而愿意和你交流下去。

要做到这一点，你可以从以下几个方面努力：

（1）适时地重复对方说的句子。

（2）重整对方表达的内容。 即把别人的字句意思用新的字句说出来，但必须忠于原意。

（3）反映感受，即受伤、痛苦、挫败、快乐、宽慰等。你只是用心和眼睛来倾听，重视运用肢体语言，你需设身处地，站在对方的立场。

（4）注重肢体语言。 有资料显示，在良好的沟通中，话语只占7％，音调占38％，而非言语的讯号占55％。 眼睛注视对方，不时点头称是，身体前倾，微笑或痛苦的脸部表情等都是用肢体语言来表达你的意思。

（5）及时用动作和表情给予呼应。 在说话时，别人最怕你是一个沉闷没有反应的人，所以你和别人谈话时，应善于运用自己的姿态、表情、插入语和感叹词，随时进行回应。 有时点头，有时微笑，有时说"是的，我也这样觉得"，有时说"这一点，我不大同意"，有时说"据我所知，这件事是这样的"，有时说"你说的这点对我很有用处"。 听了别人的妙语警句，不妨大大表示赞赏。

（6）适时适度地提问。 这是一种倾听的方法，它能够给讲话者以鼓励，有助于双方的沟通。 问别人喜欢回答的问题，鼓励他人谈论自己所取得的成就。

分析利弊，讲清道理

很多人都听过毛遂自荐的典故，毛遂用其精妙的言论证明了自己的价值。那么，毛遂是怎样利用那张能说会道的嘴，达到劝服对方的目的呢？

赵都邯郸被秦军围困，赵国派遣平原君作为使者，向其他国家请求救助，平原君决定带二十名随从去与楚国订立"合纵"盟约。平原君说："如果能说服对方，是最好的结果。要是无法说服他们，只能以武力使对方签订'合纵'盟约。现在，我在门下挑选二十名贴身随从吧。"正在这时，门外有个叫毛遂的人前来求见，他走到平原君面前说："我听说平原将前往楚国求援，希望与之签订'合纵'盟约，随从人员未能凑足二十人，希望毛遂能成为其中一员。"

平原君问："你在赵国生活多长时间了？"

毛遂说："到目前为止有三年了。"

平原君失望地摇头道："贤人就像口袋中的锥子，锥子尖会穿透口袋，露出锋芒。现在，你已经在赵国待了三年，我从未听到有人赞美你，这就说明你的才能不足。先生不符合我的要求，请放弃吧！"

毛遂说："那是我一直隐藏到今日才来请求进入先生囊中。如果能让我早入囊中，我就会像禾穗一样，整

081

个锋芒都显露在外了，而不只露出穗尖。"

平原君听完这番言论后，决定带毛遂入楚。毛遂到了楚国以后，其他十九个人在与其争辩的过程中，都被他卓越的口才震惊。

在说服楚国签订"合纵"盟约时，平原君反复说明利害关系，从太阳升起开始谈起，直到太阳落山也没决定下来。这时，平原君决定听从那十九个人的建议，让毛遂与楚国谈判。

毛遂带剑登台，对平原君说："'合纵'的利害关系非常清楚，三言两语便已明了，可现在已经说了一天，最终还没决定下来，其中有什么困难呢？"

楚王询问平原君："他是什么人？"

平原君说："这是我的门人毛遂。"

楚王大怒，斥责道："怎胆敢佩剑上前？我正在同你们的君侯说话，你打算干什么？"

毛遂不顾楚王的呵斥，握剑上前说："大王之所以敢斥责毛遂，是因为这是在楚国，你们人多势众。但现在，我与大王近在咫尺，轻易就能取大王性命，所以，大王的命正悬在我的手里。在我君侯面前，大王为什么斥责我？况且，我听说汤统一天下有七十里的地方，文王以百里的土地使诸侯称臣，能做到这些难道是靠人多吗？其实，他们之所以能这么做，凭借的是他们的威势。今天，楚国有土地五千里，手持长矛的士兵有上百万，这就是霸王的资产呀！以楚国的势力，足以雄视四方，白起不过是竖子而已，仅凭几万人马就战胜楚国，一战就攻下了鄂、郢，二战就烧毁了夷陵，第三战就侮辱了大王的祖先。这是百代的仇恨，连赵国人都羞于谈及此事，大王却无动于衷。这'合纵'的事情，是为了楚国，而不是为了赵国，为何大王反在我君侯面前斥责我？"

楚王说："先生所言甚是，是为了我的江山社稷才订立'合纵'盟约。"

毛遂进一步问道："那么合纵之事楚王决定了吗？"

楚王说："本王听从你们的建议。"

签订"合纵"盟约后，平原君对毛遂刮目相看，毛遂从此声名远扬。

从毛遂对楚王所做的陈述来看，毛遂每句话都说到了楚王的心坎里，他把"合纵"的利弊，分析得非常透彻，楚王在无可辩驳的事实面前，清楚地定位了自身，认清了局势，才答应平原君签订"合纵"盟约。毛遂的案例说明，精妙的口才有时能省去千军万马的耗费。

当我们试图说服他人时，强硬的语言气势、清晰透彻的利弊分析，往往能将局势化被动为主动。现代，人们大多都比较理性，在对自身利益不利的情况下，是不会被说服的。所以，这就要求说服者在规劝别人时，一定要用事实说话，站在对方立场上分析利弊使他信服。

通情达理，灵活变通

　　曾有一个患者的姐姐去医院护士长办公室，想请求护士长特许妹妹使用自备的微波炉，她说道："护士长，我妹妹病得好可怜，她想吃点热饭热菜，我心疼她，就带了微波炉，请您允许我使用！"

　　护士长很为难地说："我也很同情你妹妹，但病房是不允许使用电器的！这也是考虑到患者安全。你看，就是我的办公室也需要有用电许可证才能使用微波炉，这样吧，把你妹妹的饭菜拿到我办公室来热？"

　　患者家属说："我已经把微波炉带来了，请您准许我用吧！"

　　护士长说："不好意思，规定是不允许打破的！"

　　患者的姐姐说："那只能麻烦您，借用您的微波炉了！"

　　护士长说："没关系！应该的！"

　　在与家属交流的过程中，护士长既说服对方遵守规章制度，坚持了自己的原则，又满足了患者的实际需要。

　　大厦的某个住户来找管理处负责人，要求在自己家里装防盗网。作为管理处负责人，首先，在接待该住户时要有礼貌。其次，要认真、耐心地听完他的话。最后，虽然不能答应他的要求，但在回绝住户时，不要直截了当地说："不行，这是我们公司的规定。"以避免谈话僵化。尽量以平静、温和的态度告诉他说："先生，实在很抱歉，对于这个问题，我们已认真地讨论过。有关部门已明确规定住户不能将防盗网装在外墙上。"

除此之外，管理处负责人应引导住户考虑到大厦外观，如果每家每户都安装防盗网，整个大厦的外观肯定不好看。另外，要让他相信，大厦治安是可以保障的。

这样，不但使他明白了管理处决定的道理，同时也给他做了一个保证，这样大多数人都不会执着于原来的想法。

跟人摆事实讲道理时，要善于用商量的语气来引发听者的思考，使别人感到你不是强迫他接受你的意见，而是在共同寻求解决方案。

无休止的唠叨会妨碍说服的效果。它会使别人感到厌烦，甚至听不进去，这样说服的效果也无法达到，所以应适可而止。

富兰克林是美国的一位伟大的政治家，他有一段经验之谈。他说："我暗自立下一条规矩，我在说服他人时，绝不直接反驳别人，也不准太武断，我甚至不允许自己在文字和语言上措辞太肯定。我将'当然''一定''无疑'改用'我想''假设说''可以这样'或者'目前我认为如果……'。当别人陈述我不赞同的观点时，我不会打断他，也不会立即驳斥他，或立即指正他的错误。我在回答的时候，先表达他的意见在某些条件下没有错，然后说出现的情况有些不一样，等等。这样，谈话的气氛就会很融洽。谨慎谦逊地说出自己的意见，不但容易被接受，更会减少一些冲突。这样，即使我有错也不会有难堪的场面，也容易让人接受我提出的正确看法。"

富兰克林有一副好口才，他在说服技能方面非常有经验。

以他的方法为主体的富兰克林说服法，被推销人员广泛地运用到推销中去。那么，富兰克林说服法是如何应用的呢？

一位新婚女子回家向父母诉说丈夫的缺点。父亲边听边微笑，等姑娘说完后，他拿出纸笔说："你在纸上画点来代表他的缺点。"

女儿点了很多点，说这些都是丈夫的缺点。父亲问："除了你画在纸上的点之外，你还看到了什么？"女儿说："没有什么东西了。"

父亲说："你放宽视野再观察一下。"这时候女儿明白了，上面除了点之外，更多的是空白。

父亲说："那些空白的地方正代表着你丈夫的优点，比比看，点与空白相比哪个多些？"受到父亲的启发，女儿不再只看到丈夫的缺点。

以上对话中，这位父亲就是用富兰克林说服法劝慰并说服了女儿。 很多时候，当某个人做错事时，如果我们一开始就直接否定对方观点，对方就会产生一种自尊心受到伤害的意识，从而进行自我辩护或固执己见，不接受别人的劝说。 在说服他人时，如果以平和的态度来说明道理，用共同探讨的方式去沟通，人们就更容易接受。

巧言妙回，让你化险为夷

　　一个明智的人懂得用自己的言语来挽救自己的困窘，人说"救人一命，胜造七级浮屠"，有很多会说话的人就凭着三寸不烂之舌在危急时刻巧言善辩，使自己也使他人化险为夷，这是何等的惊天动地！由此可见，幽默的价值超过了世间的有价之物。

　　纪晓岚中进士后，当了侍读学士，侍伴乾隆皇帝读书。

　　一天，纪晓岚起得很早，从长安门进宫，等了很久，还不见皇上来，他就对同来侍读的人开玩笑说："老头儿怎么还不来？"

　　话音刚落，只见乾隆已到了跟前。因为他今天没有带随从人员，又是穿着便装，所以没有引起大家的注意。皇上听见了纪晓岚的话，很不高兴，就大声质问："'老头儿'三个字作何解释？"

　　旁边的人见此情景都吓出了一身冷汗。纪晓岚却从容不迫地跪在地上说："万寿无疆叫作'老'，顶天立地叫作'头'，父天母地叫作'儿'，皇上当之无愧地万寿无疆、顶天立地、父天母地，所以叫'老头儿'。"

　　乾隆听了这一番恭维的解释，就转怒为喜，不再追究了。

纪晓岚开了不适宜的玩笑，使自己陷入困境，可他随机应变地运用曲意直解，巧妙地将对乾隆有不尊性质的"老头儿"三字解释成"万寿无疆""顶天立地"和"父天母地"。这样不但化险为夷，免去一死，而且化辱为恭。

在为人处世的过程中，幽默具有起死回生的巨大力量，幽默的辩驳胜过千言万语的求饶，幽默能够将现实润滑，能够将他人的内心融化。

汉武帝晚年的时候很迷信，他希望自己能够长生不老，到处搜寻不死药。一天，有人献上不死丹药一丸。当时东方朔正在武帝身边，他上前拿起丹药后，假装好奇地问武帝："陛下，这药可以吃吗？"

武帝回答："当然可以吃了。"东方朔闻听此话，马上把药塞进嘴里，嚼了两下咽进肚里。武帝阻止不及，气得脸色发青，暴跳如雷，要把东方朔拉下去砍头。

东方朔连忙跪下，说道："陛下，且慢，臣有话要说。"

武帝本意并不想杀东方朔，就问道："你有什么要说的？"

东方朔从容地回答道："陛下，我刚才吃的可是'不死丹药'，可现在我却要被陛下砍头了。如果这药能使人不死，那我为什么要身首异处了呢？可见那'不死丹药'是假的。如果这药确实是那'不死丹药'，陛下应该杀不死我啊，自然也不用杀我了。如果杀得死我，就证明了献药之人是在蒙骗陛下。况且我在吃药之前已问过陛下药是否可以吃，陛下已经准许，所以臣才能吃此药。倘若未经陛下允许，臣怎么敢吃呢？若陛下今天杀了我，只会向天下证明陛下被人蒙骗了，恐怕有损于陛下的圣明，而且百姓又怎么敢相信您的话呢？"武帝一听，转怒为喜，立刻赦免了东方朔。

东方朔利用逻辑来进行诡辩，话如泉涌，滔滔不绝，从而避免了一场杀身之祸。

我们不得不佩服纪晓岚和东方朔，他们是会说话的人，也是懂得幽默的人，他们在危难的时刻想到的是要依靠自己的嘴皮子来打动别人。在这里，幽默成了一种可以拯救自己的借力，巧妙地利用对方的话语来为自己服务，或者为自己的无意之言找到一个"顺势而为"的解释。当幽默成了一种光明的出口的时候，黑暗又怎么会依旧可怕呢？

机智回话，让窘迫变无形

在生活中，尴尬的事情总是潜伏在我们身边，不经意的一句话或许就会让自己出了洋相。没有人喜欢尴尬的窘迫，然而，有一种人却从来不会害怕尴尬的降临，这种人就是懂幽默的人。因为幽默可以让他们运用智慧与应变能力，化解尴尬于无形之中。

有个年轻人刚学会开车，兜风时车子熄火，一时发动不起来，后面的司机气得猛按喇叭。年轻人满头大汗地下了车，走到后面车子的旁边，敲敲车窗。后面的司机横眉竖目地摇下车窗，原以为年轻人是来找麻烦的，没想到年轻人对他笑道："先生，这样好不好，你来替我发动车子，我来替你按喇叭，好吗？"

显然，这位年轻人是不浮躁的，他没有因为别人的催促而焦虑，与他人发生口角，而是在向他人表示理解的同时用一句出人意料的风趣话化解自己的尴尬境地。他巧妙地请求别人为自己发动车子，婉转表达出车子发动不了，不是自己有意而为之，希望得到谅解。这轻松的一句话比武力还能解决问题！因为这句话已经让后面的司机化怨气为喜气了。开心的一笑还有什么不能够原谅的呢？

幽默除了可以让意外的尴尬消失于无形外，还可以将自己的意见表达的更加生动，而又不会让他人颜面尽失。

一个作曲家带了自己的作品去找意大利著名作曲家罗西尼。罗西尼在听他弹奏的时候，每隔一分钟就脱一次帽，然后又戴上。作曲家感到很奇怪，就问他是不是觉得热。罗西尼说："不，我只是有一种习惯，不管什么时候，遇见熟人我就把帽子脱下来打招呼。而在你的曲子里，我觉得很多东西是从我的熟人那里来的。所以我不得不连连点头打招呼。"

究竟是怎么回事，罗西尼一句也没说，但读者看到罗西尼的反应肯定就明白这个作品到底是怎么回事了。 让人生气的事，却说得令人发笑，显然，用幽默来沟通这件尴尬的事情比发火更有风度！

从以上几例可以看出，幽默是思想、才学和灵感的结晶，它使语言在瞬间闪出耀眼的火花。 而这火花在沟通中的作用和能量，绝非普通言辞可比。 它可以将窘迫变得无形，却又能将道理讲得清楚。

　　有一次，萧伯纳遇到一位胖得像酒桶似的牧师，他跟萧伯纳开玩笑说："外国人看你这样干瘦，一定认为英国人都在饿肚皮。"萧伯纳谦和地说："外国人看到你这位英国人，一定可以找到饥饿的根源。"

当别人嘲笑你的时候，要用幽默来回敬对方。 幽默感是避免人际冲突、缓解紧张的灵丹妙药，不会造成任何损失，不会伤及任何人。 如果活动中出现尴尬局面，说句逗笑的话更能使双方摆脱窘迫的境地。 例如，两个班级联欢，男女舞伴第一次跳舞，由于一方的水平低发生了踩脚的情况，说"没关系"这样礼貌的话可能还会加重对方的紧张，如果用一句"地球真小，我俩的脚只能找一个落点了"，可使双方欢笑而心理放松。

尴尬是在生活中遇到处境窘困、不易处理的场面而使人张口结舌、面红耳赤的一种心理紧张状态。 在这种时候，感觉比受到公开的批评还难受，会引起面孔充血、心跳加快、讲话结巴等。 主动讲个笑话逗大家笑，绝对是减轻该症状的良方，尤其是在很多人看着你的时候。

拒要求，回话应给人留脸面

拒绝是一门学问，因为在拒绝别人的时候，还要体现出个人品德和修养，让别人在你的拒绝中，同样能感觉到你是真诚的、善意的、可信的。在拒绝的过程中，要想不伤和气，依然与对方保持良好的人际关系，那么，就要进行换位思考，在不能提供帮助的情况下用同情的语调来婉言拒绝。

在婉言拒绝的时候，一定要先让对方觉察到你的态度，不要绕了半天连自己都不清楚要表达的是什么意思，更不要说对方能不能理解了。在单独说话的场合说"不"，对方往往更加容易接受。拒绝对方时，要给对方留条退路。所以，首先你要把对方的话从始至终地认真听一遍，而后再决定如何去拒绝对方。最好能引用对方的话来"不肯定"他的要求，从而给对方留下比较充足的面子。如果对方是聪明人，那么你的"不肯定"，他自然会心领神会。

20 世纪三四十年代，富兰克林·罗斯福就任美国总统之前，曾经在海军担任部长助理这一要职。有一次，他的好友向他打听美国海军在加勒比海某岛建潜艇基地的计划。

当时，这是不能公开的军事机密。面对好友的提问，罗斯福如何拒绝才比较好呢？罗斯福想了想，故意靠近好友，神秘地朝周围看了看，压低嗓音问道："你能对不宜外传的事情保密吗?"

好友以为罗斯福准备"泄密"了,马上点头保证说:"当然能。"

罗斯福坐正了身子笑道:"我也一样!"

好友这才发现自己上了罗斯福的"当",但他随即也明白了罗斯福的用意,开怀大笑起来,不再打听了。

罗斯福之所以能忠于自己的职责,严守国家机密,是因为他知道,人都有一个共性,喜欢打听隐秘的事情,打听到了之后,又不能守口如瓶,总是想方设法地告诉别人,以展示自己的能耐。所以,他对任何人都保密。罗斯福使用的是委婉含蓄的拒绝方法,其语言也具有轻松幽默的情趣,表现了罗斯福的高超语言艺术。在朋友面前既坚持了不能泄露的原则,又没有令朋友陷入难堪,取得了非常好的语言交际效果。

下面是一个现实中的例子。

两个打工的老乡,找到在某市工作的李某,倾诉了一番打工的艰辛,一再说住不起客店,想租房又没有找到合适的,言外之意是就是要借宿。

李某听后马上暗示说:"是啊,城里比不了咱们乡下,住房太紧了。就拿我来说吧,这么两间耳朵眼大的房子,住着三代人。我那上高中的儿子,晚上只能睡沙发上。你们大老远地来看我,应该留你们在家里好好地住上几天,可惜做不到啊!"

两位老乡听后,应和几句,知趣地离开了。

两个老乡没有直接向李某提出借宿请求，而只是一味地埋怨在城里找房子住如何困难；李某也假装没听出来弦外之音，立刻附和他们的观点，并说自己家住房如何紧张，为不能留他们住宿而表示遗憾。老乡听了这番话，既明白了李某的难处，又知道他在拒绝自己，只好离开了。

习惯于中庸之道的中国人，在拒绝别人时比较容易产生一些心理障碍，这是受传统观念的影响，同时，也与当今社会某些从众的心理有关。其实，做到"却要求，留脸面"并不太难，可以尝试下面这些说法（做法）：

"哦，是这样，可是我还没有想好，考虑一下再说吧。"

"啊！对不起，今天我还有事，只好当逃兵了。"

使用摆手、摇头、耸肩、皱眉、转身等身体语言和否定的表情来表示自己的拒绝态度。

"哦，我再和朋友商量一下，你也再想想，过几天再决定好吗？"

"今天咱们先不谈这个，还是说说你关心的另一件事吧……"

"真对不起，这件事我实在是爱莫能助了。不过，我可以帮你做另一件事！"

学会简洁有力地回应傲慢的人

在交谈的过程中，我们常会碰到一些傲慢的人，他们往往居高自傲、傲慢无礼、目中无人，认为自己比别人高一等，甚至在言谈中常常表现出颐指气使的态度，仿佛其他人天生就应该仰视他们。他们在和别人说话的时候，常常表现出一副唯我独尊的姿态，不容许他人说一句质疑他们的话。面对这样的人，我们该做出怎样的回应呢？

面对这样的人，我们要掌握一个交谈的撒手锏——以简洁有力回敬傲慢无礼。

一天，高菲要去参加面试，起床后她做了足足半个小时的心理准备。因为她听朋友说自己今天要面试的这家世界500强企业的人力资源经理十分傲慢，所以不禁有些紧张。她不停地告诉自己，要不卑不亢、沉着应对、展现自信。

当天一共有12名面试者，高菲手中的号码牌是最后一张，12号。当等得口干舌燥的高菲走进面试室的时候，她发现面试官正在喝水，而面试的这一侧没有人。更过分的是，面试官明明看见她敲门进来，却没有应答，也没有停止喝水，只是抬眼瞟了高菲一眼。

面试官露出一种面试完11名应聘者的疲惫和不耐烦的神情，终于放下了矿泉水瓶，用懒洋洋的声音说道：

"做个自我介绍吧。"他的语调中充满了优越感和傲慢。

　　高菲一下子被激怒了，她与很多著名企业的人力资源部经理面对面谈过话，面试经验也算丰富了，可此刻她感觉自己一股热血冲上头脑，这么傲慢的领导自己还是第一次遇到。高菲此时有一肚子的话要指责这位面试官，有一连串的诘问可以用来回击。

　　此时，她让自己冷静下来，说道："我想作为一名世界500强企业的人力资源部经理，坐直了与面试者说话是起码的尊重和礼貌。"此话一出，虽然她觉得自己面试无望了，但还是冷静地直视着面试官。

　　没想到面试官不但坐直了身体，而且微笑着向高菲点头："恭喜你，高菲小姐，你是我们今天第一个通过面试的候选人。"

　　原来，这家公司正在试验"压力面试法"。他们设计出傲慢无礼的这一幕，来考察面试者能否突破心理压力，敢于指出面试官的无理和傲慢。

　　结果，高菲用她的简洁有力的话语回应对方，向面试官展示了自己的自信和沉着，最后轻松通过了面试，如愿以偿地成为这家世界500强企业的一员。

高菲用简洁有力的话回应对方获得成功的故事告诉我们，说话应该简洁有力才行。很多情况下，要想让对方更加认同你说的话，最好简洁有力，少说无关的话，所谓"多说无益"正是如此。

现在，许多企业，特别是外资企业和合资企业，都喜欢采用"一分钟录像"的办法来选择人才。所谓"一分钟录像"，就是只给应聘者一分钟的时间，让他们利用这短暂的时间来介绍自己，同时录像，然后拿给招聘者观看。这种自我介绍比较难，因为没有任何问题作为你谈话的引导和提示。如果招聘单位使用"一分钟录像"的方法录用人员，那么求职者在一分钟的时间里如何充分地表现，如何更多、更好地让对方了解自己便成了求职成败的关键所在。因而，要求应聘者必须在短短的一分钟内或某一瞬间，最有效、最充分而又最简洁地表现自己，从而成功求职。

然而，在现实生活中，有些人叙述一件事情时，为了卖弄自己的才华，极力地修饰语句，用重复的形容词，或用西方语言独有的倒装句法，或穿插歇后语、俏皮话，甚至引用经典、名人语录，使别人往往摸不清他在说些什么。还有些人，在说话时喜欢东拉西扯，缺少组织和系统，也使人有不知所云的感觉。如果你要提升自己的影响力，只要在说话时说得简洁扼要就行了。在话未说出口时，先打好一个腹稿，然后再按照秩序一一说出来。

具有影响力的幽默大师林语堂曾说：演讲要像女人的裙子，越短越好。不仅演讲如此，说话也是一样，简洁的话语常能让人有意犹未尽、余音绕梁之感。冗长而又索然无味的话语，不但无趣，还会让人觉得像老太婆的裹脚布，又臭又长，使人昏昏欲睡。

正所谓少即是多，短即是美。简洁为上策！如果你花很长的时间才说到重点，甚至不知所云，即使听众尽力保持礼貌，眼神也会开始涣散。 我们应该从伟大的沟通者身上多多学习。 少说一点，听众就会多了解一点。 当你真正做到简洁扼要，你的讯息就会显得意味深长。 简单，让你所讲的内容更显珍贵，更加能够提升你的个人魅力，让你在生活工作中更受欢迎。

咄咄逼人的话怎么回应

在交往中，我们不可避免地会遇到咄咄逼人的谈话场景，谈话者一般是有备而来，或是对自己的条件估计得比较充分，有信心战胜你。 谈锋一般是指向一个地方，对你的要害部位实行"重点攻击"，会令你一开始就处于被动位置。

应对这种情况的方法有多种，根据具体情况，可以加以选择。

1. 以退为攻

假如对方的问话是你所必须回答的、不能推辞的，而你又需要对方跟着你的思路走，就可以装作退却。 对方乘机逼过来，你把他带得远了，让他完全进入了"圈套"，然后再回过头来对他进行反击。

2. 后发制人

这是使自己能站稳脚跟的最有效办法。 一般在两种情况下，最为有效：

（1）当对方到了已经不能自圆其说的时候。 咄咄逼人者，锋芒毕露，也许你根本找不到他的破绽。 但是，他总有不攻自破的地方，总是有软弱的地方，只是你还没发现而已。 等待时机，一旦其光芒收敛，想喘息、休息的时候，你就可以反攻了。

（2）当对方已是山穷水尽的时候。 这时候对方已经进攻完毕，而你发现，他的锋芒所指的只不过是你微不足道的一个小错误，或者他打击的部位并不全面，从根本上动摇不了你，这时你就可以反击了。

3. 针锋相对

针锋相对即是以对方同样的火力，向对方进攻，对方提什么问题，你就给予十分肯定或否定的回答，丝毫不让，不拖沓，使对方无理可寻、无懈可击。

4. 把问题还给对方

这是谈话中的一个很普遍、很实用的技巧。当对方的问题很难回答，问的角度很刁，你回答肯定、否定都可能出差错时，那就不要回答，把问题再还给对方，将对方一军。

比如，有一个国王故意问阿凡提："人人都说你聪明，不知是真是假？如果你能数清天上有多少颗星星，我就认为你聪明。"阿凡提说："如果你能告诉我，我骑的毛驴有多少根毛，我就告诉你天上有多少颗星星。"

5. 抓住一点，丝毫不让

当对方话锋之强烈，火药味之浓，他提出的重大问题你无法一一回答，无法反击时，应该怎么办？迅速找到他的谈话内容中的小漏洞，即使再微不足道也可以，把这一点无限扩大，使其不能再充分展开其他方面的进攻。你就在这一点上来回与他周旋，并迅速地想出应付其他问题的办法。

6. 胡搅蛮缠

胡搅蛮缠是当你理亏时，被对方逼到了死角，而又实在不想丢面子，就可以乱缠一番。 把没有理的说成有理的，把本来不相干的事物联系在一起，说成是很有联系的事物。 把不可能解决的、不好解决的问题与你的问题扯在一起，以应付对方的连串进攻。

胡搅蛮缠是一种不得已的办法，但却也不失为一种自我保护的方法，特别是当对方欺人太甚、丝毫不留情面的时候。 另外，用胡搅蛮缠的方法，可以先拖住对方，使你有时间考虑更好的应付办法。

夫妻间回话的艺术

一对夫妻在收工回家之后，出现了类似独幕剧的情节：

"啊，亲爱的，你回来了，今天工作忙吗?"妻子说。(表示关心并询问对方的情况。)

"没什么。"丈夫回答。(不予明确回答。)

"好啊，那么你帮我洗菜好吗?"(提出要求。)

"我今天累极了!"(不明确予以答复，给出一个模糊的理由。)

"亲爱的，今天有什么事，工作不顺利? 给我讲讲好吗?"(又提出询问。)

"没什么，告诉你也帮不了什么忙。"对方小声咕哝一句。(又不给予明确答复。)

"待会儿有几个客人要来，我累了半天了，你帮我……"(又提出要求。)

"好吧，好吧。"丈夫不耐烦地打断了妻子的话。(不想听爱人的陈述。)

夫妻闷闷不乐地干起了活，客人来了，夫妻俩殷勤招待，两人都累得够呛。

客人走了，妻子面对杯盘狼藉的残局："亲爱的，帮我……"

这时丈夫终于忍不住了："帮你，帮你，你当我是机器人呀！我天天上班累得要死。晚上我还得加班干。你把我当什么了？"这时妻子也火了："我早就问你有什么事，你不说，现在你发什么脾气？这家务活就该我一个人干？这个家就是我一个人的吗？"于是双方怒气冲天地争吵起来。

　　这就是典型的无效沟通，是交流"聋哑症"。 表面上看，夫妻二人每件事都说了，但是心理学的研究告诉我们：他们的沟通缺乏明确性。 从上面的对话中我们可以看到，一方始终没有得到另一方明确的答复。 心理学家告诉我们，及时的反馈会提高行动者的积极性，提高行动者的工作效率，并会使对方产生被重视的感觉。 得不到反馈的行动呢？结果与此正好相反。

　　产生这种情况的原因是什么？为什么谈恋爱时的卿卿我我、心心交融，这时荡然无存，反而形成这种爱答不理的局面了呢？

　　谈恋爱时的卿卿我我，心心交融来源于两颗敏感的心灵，双方渴求了解，渴望交流；结婚后，以为两个人已融为一体，已经没有沟通的必要了。

　　其实，又有谁能完全了解自己呢，更不用说去了解别人了。 生活中充满了未知数，人的心灵更是在不断地变化，只有保持一颗敏感的心灵，才能不至于相互隔膜。 心灵永远是生动的、变化的，婚姻并不代表心灵的融合。

　　另外，沟通来自于两个平等的个体，双方相互尊重，相互独立，不可替代，这是良好沟通的基本条件。 如果认为一方已完全从属于自己，那么自然就没有沟通的必要，正像奴隶主不会关心奴隶的心情和病痛一样。如果认为爱人从属于家庭，自己的其他事情他(她)帮不上忙，自然也不会有良好的沟通。

在多数不愉快的家庭里，正是因为忽略了这两点，才使得上述例子中不愉快的谈话层出不穷。幸运的是，这种不愉快的沟通不难弥补。如果夫妻双方在每次谈话中都致力于使每一信息都清晰而完整，经过一段时间，双方的沟通方式就会改进很多，感情也会增进许多。

有效的沟通，正是遵循着上面的原则。

案例一

妻子：今天的电视节目真不错。(这是最初的陈述，也是妻子与丈夫交流感情的开端。)

丈夫：不错，我挺喜欢这个节目。(认可他所听到的，这种积极的殷勤的回答也体现了丈夫对妻子的尊重与关心。)

妻子：我真高兴你也喜欢这个节目。(认可丈夫的认可，双方这种积极的态度为一次愉快的谈话创造一个好的开端。)

案例二

妻子：亲爱的，今天是星期天，你陪我去逛街好吗？

（提出请求。）

丈夫：最好不要。我今天还有一桩生意去谈，晚上才能回家，真对不起。（进行答复，解释原因，尊重对方，并表示歉意。）

妻子：好吧，我过两天再去吧。（对答复的答复，表示理解。）

案例三

妻子：亲爱的，你回来了，今天工作忙吗？

丈夫：啊，今天忙极了，我干了……晚上还得加班……

妻子：亲爱的，我真为你感到自豪。

丈夫：亲爱的，你今天怎么样？

妻子：我今天下午也忙了半天，菜还没有洗，客人待会儿要来。你能抽出时间帮我干点儿吗？

丈夫：当然可以。

妻子：太好了。待会儿客人走了，你就忙你的吧，由我来收拾。

丈夫：你真好，咱们开始干吧。

如果夫妻之间的谈话都是这样的直接明晰，这样的充满尊敬和柔情，那么夫妻之间就不会有问题存在。

妻子一天不知要说多少次"今天天气真好""地板有些脏

了""今天的饭菜真香"等话，如果对妻子的这类陈述，丈夫只是哼一声，或者点点头，甚至一无反应。这样，妻子就会感觉受到了冷落，没有得到尊重，长久下去就形成了沟通的障碍，也形成了感情的障碍。我们知道，即便是一个否定的回答也比没有回答强得多。因为夫妻之间总有认识不一致的时候，沟通的目的就是要告诉对方自己的感受。所以，即使是拒绝性的答复、否定的意见，也必须是完整的。

夫妻间良好沟通的特点是：直接明晰，充满尊敬和柔情。

第六章

能夸会赞，人人都爱被赞美

说好话，有好运

有这样一个故事：

有一位严肃的"直话"先生和一位专爱捧人的"好话"先生，某天俩人都被邀请去参加一个舞会。他们同时看到一位风韵犹存的老妇人，于是"直话"先生走过来对她说："您使我想起您年轻的时候。"老妇人高兴地说："怎么样？""很漂亮。"

老妇人略有不悦地说："我现在丑了吗？""直话"先生一本正经："是的，比起您年轻的时候，现在的您皮肤松弛，缺少光泽，还有皱纹。"老妇人一听，脸上顿时红一阵白一阵，怨恨地看着他，刚才的欢快心情瞬间消失无踪。

这时，"好话"先生快步走来，彬彬有礼地邀请老妇人跳一支舞，并对她说："您是舞会上最漂亮的女人，如果能与你共舞，将是我莫大的荣幸。"老妇人刚刚黯淡下去的眼睛顿时又闪现出了神采，她欣然同意。"好话"先生与她跳了好几支舞，老妇人开心极了。

"直话"先生在旁边看到老妇人好像一下子萌发了青春的活力，全身都洋溢着激情与魅力，脸上也露出迷人的微笑，就像一个漂亮的年轻女郎。

老妇人离开之后，"直话"先生问"好话"先生：

"跳舞的时候，你对她说了些什么?""好话"先生笑着说："我跟她说您真漂亮，我真希望能娶你。""直话"先生眼睛瞪得大大的，气愤地说："你怎么能这么说! 这太荒唐了!""但是她很开心，不是吗?"最后，两人都没有把对方说服。

第二天，他们都收到了一封参加××葬礼的信。在墓地，两位先生再次碰面，原来，这是那个老妇人的葬礼。葬礼过后，仆人叫住他们，分别把一封信递给他们。

"直话"先生拿到的那封信是这么写的："'直话'先生，你说得对。衰老和死亡不可避免，不过我们往往不希望被人这么直接说出，我将我的日记赠送给你，那是我的真实。"与此同时，"好话"先生也阅读着老妇人留给他的信："'好话'先生，十分感谢你的赞美。它让我生命的最后一夜过得如此幸福，让我仿佛又年轻了一回，你化去了我心中厚厚的霜雪。我将决定把我的遗产全部赠予你!"

有的人并无恶意，也许他也只是实话实说，但却不知自己的那些实话是在"泼冷水"，让本来心情大好的人，被冷水越浇越冷，严重的甚至会让两人的关系也随之破裂。 实话固然重要，但是学会照顾别人的情绪则更为关键。

好话像春风，而伤人话则似冬日寒风。 如果你说的每一句话都像春天般温暖，你的身边就会有似锦繁花，随之也会为你带来好运。

赞美也是一种投资

林肯说过："每个人都喜欢赞美。"赞美的惊人效力相信大家都知道。对于他人的成绩与进步，一定不要吝啬赞美，要给予肯定、赞扬和鼓励；别人身上若是有闪光点，也不要吝啬你的赞美。发自内心地去赞美他人吧。赞美，就像投资，送出赞美，你会得到意想不到的回报……

有一天，律师约翰夫妇两人到外地访友。下午，太太让他陪姨妈聊天，自己去会见其他亲友。

由于约翰与姨妈久未谋面，所以就想找一些能够拉近他们之间距离的话题。他决定从姨妈的房子入手，将其赞美一下，也好为下面的聊天找个话题出来。

"这栋房子如此有古韵，应该是历史久远吧?"他问道。"是的。"姨妈答道，"正好一百年了。"

约翰说："我们家以前也有一座老房子，我是在那里出生的。这房子盖得这么好这么漂亮，有很多房间。如今这种老房子都算稀有产品了。"

"是啊是啊，我也这么觉得的。"

"现在的人都不太懂得欣赏建筑的魅力。他们只要求有个房住即可，然后开着车子到处跑。"约翰说。

"这座房子有我的梦。"姨妈的声音有点颤抖了，"这是我们的梦想之屋。我的丈夫和我梦想了好几年，它完全由我们自己设计装修。"

她带着约翰到处参观，约翰也热诚地赞美。绕着房子走了一圈之后，他们来到车库，那里停着一辆派克车，看样子几乎没有使用过。

"这是我丈夫走之前不久买的一辆车。"她轻声说，"自从他死后，我就没有动过它，你跟我很投缘，这车就送给你开吧！它应该有个好的主人。"

"不，姨妈。"约翰叫道，"我知道你很慷慨，但我不能夺人所爱。再说我自己已经买了车了，而且我们之间并不算很亲密，实在是不能收这么贵重的礼物。如果你实在觉得闲置，相信有很多亲戚都会喜欢这辆车的。"

"天哪！"她叫起来，"你是说我的那些亲戚吗？他们都盼着我死掉，好霸占我的车子和房子呢！"

"如果你不想送给那些亲戚，也可以卖掉啊！"约翰建议道。

"什么！"她大叫，"我才不会让一个陌生人开着这辆对我而言很有纪念意义的车子呢。这是我丈夫给我的车子！我要把它送给你，我相信你会是个好主人的。"

约翰极力想辞谢这份好意，但是姨妈却执意要送。最后，约翰因为赞美拥有了这辆很多人都梦寐以求的车。

正如你看到的，这就是赞美的神奇威力！ 在现实中，人人都希望自己被赞美被夸奖，希望别人肯定自己的价值。 人们在赞美中能收获到意想不到的惊喜。

赞美别人就是这样一件"予人玫瑰，手有余香"的乐事。

但是很多人碍于所谓的原则，却不肯说好话，认为那是阿谀奉承的小人行径。说一句"你这个主意真不错"或是"你晒了如此漂亮的肤色"，这只是基本的支持和欣赏，但它却将赞美者的友好及热情传递出来。赞美并不等同于阿谀奉承，它会使你像上面的约翰一样，获得意想不到的收获。

威廉·詹姆士说："人性从骨子里头都是渴望被肯定的。"赞美即是最为直接和深刻的肯定，赞美正是从这一类人本性出发，因此大家特别喜欢。若是你想跟周围的人们更加亲近，那就从今天开始试着去赞美别人吧。

"捧场" 捧出好人缘

"捧场"相当于对别人的喜欢、鼓励与支持，聪明睿智的人大多深谙此道。给别人捧场，实际上是对别人艰辛的成功过程予以肯定和鼓励，同时也体现出自己是个有敏锐眼光和宽广胸怀的人，会为自己赢来更多的人缘。

曾经有一位热爱绘画的青年，他年轻有为，却没有人懂得欣赏他的才华。作为一位绘画艺术爱好者，色彩就是他的人生。他甚至整天闭门不出，一个人潜心作画。一天，他再度将手中的画笔拿起，准备在街头绘画。恰巧迎面走来一个衣衫褴褛的小孩，问道："叔叔，你的画真漂亮，能送一幅给我吗？我想送给妈妈做生日礼物。"青年欣然应允，送了那个小孩子一幅画。

青年从此以后颇受鼓舞，他觉得终于有人喜欢他的画了。于是他更加努力，创作之中充满了才情和热情。一年后，他终于成为著名的画家。

看看，只是一个孩子的捧场，就在无形中成就了一位名画家！由此可见，捧场的身份界限是不存在的，在生活中的任何时候，我们都不应该忘了给予别人应有的肯定和鼓励。比如，如果你初次见一位女性，那么关于她的服饰，你就可以发表一番赞美的言论；当你去朋友家时，漂亮窗帘及墙上的某幅画，甚至墙壁的颜色，无一不能成为你赞美对方的素材……

这些生活中的捧场虽小，但可让彼此之间更加亲近，让你获得更好的人缘。

　　肖礼交友甚广，处处都能受人欢迎，这是为什么呢？这得归功于他善于捧场。比如，他跟朋友见面，朋友带了妻子来。因为他和朋友的妻子是第一次见面，平常人也许苦于没有什么好聊。但是他眼睛一亮，发现朋友妻子别着一款十分独特的胸针，他就微笑着说："这款胸针真是精致、独特，从未在市面上见到过这款式。"

　　朋友的妻子立即来了兴致，原来这真是枚很特别的胸针，它不是买来的，而是朋友妻子自己设计制作的。肖礼一听，立即称赞道："难怪这么特别，你很厉害啊，设计的东西如此漂亮，如果有时间能帮我设计一个，那该有多好。"于是，两人就此打开了话匣子，相谈甚欢。

人心的天平总是向善于捧场的人倾斜。当一个人听到别人赞美的话时，难免会觉得高兴、自豪，因此，善于给别人捧场，也会让自己更受欢迎。适时地为他人捧场，收获的是别人发自内心的感激。而为他人捧场实际上也是为自己捧场。虽然捧场也需要付出一定的精力和物质，还要付出感情，但是如果你明白为别人捧场就是为自己捧场，那么，相信你会欣然给予别人更多的赞美之词。

多送"高帽子"，好处多多

莎士比亚讲过这样一句话："假如你不具有某种美德的时候，就当成你已经拥有了那样去做。"如果你希望别人具有某种美德，不妨多捧场说他具有这种美德。给他人戴高帽者，其实也可以为自己赢得工作上或者生活上的利益。送出高帽子如果能换来切实的利益，我们何乐而不为呢？

以前有个人很善于给别人戴高帽子，有一次，他当众夸口说："我虽然不才，但是奉承之道却自认为了解一二。我曾经下定决心要给一千个人戴上高帽子，现在已经送出了九百九十九顶，只剩下最后一顶了。"听众之中有一位年长的老者，呵呵地笑着说："我还不信了，我和你打赌，你那最后一顶用什么方法也戴不到我的头上。"

那人一听，忙拱手作揖道："老先生说得极是。我这辈子阅人无数，但像先生这样秉性刚直、不喜奉承的人，实在是世间罕有，在下实在是敬佩啊！"长者捋着胡须很是得意，哈哈大笑："你说得真是不差！"听了这话，那人也随即大笑起来："恭喜恭喜，您的这顶高帽子我已经给您戴上了。"

虽然这只是清朝《一笑》里记载的一个笑话，但它告诉我们，人人都不自觉地喜欢戴高帽子，捧场的最高境界就在对方毫无觉察时送他一顶高帽，他会因此很高兴，很受用。

日本著名的女作家佐藤爱子曾经说过，自己年轻的时候很少阅读。她在二十七岁和丈夫离婚后，有一次，她的作家父亲读到她的信说："她其实可以成为作家。"这句话竟成了鼓舞佐藤爱子在逆境中涉足文坛的精神支柱，她潜心创作小说，最后获得了"直木奖"。

但是，给人戴高帽子也要讲究一个度，滥送过重的高帽是不明智的。赞扬招致荣誉心，荣誉心产生满足感，不过如果你的言语过分夸张，会让别人感到受到了愚弄。所以，宁肯不去恭维，也要注意把握捧场的度。

那么，到底该如何做好高帽呢？

1. 高帽需要针对对方引以为豪的优点或事迹，要说坦诚得体的恭维话

人都是喜欢奉承的。有时候明明知道那是恭维，但心中还是免不了会沾沾自喜。换句话说，只要对方没有反语讽刺的嫌疑，当人得到别人赞扬时，一般不会厌恶。

奉承别人首要的条件，是要针对别人的闪光点，要有诚挚的心意及认真的态度。轻率的说话态度，有时候会让对方觉得这不是在恭维，而是在挖苦，因而产生不快的感觉。

2. 背后称颂比当面赞扬效果更好

罗斯福的副官对这一点颇有心得，他说："与当面恭维相比，更为有效的是背后颂扬别人优点。"这是至高的技巧，在背后颂扬人，与各种恭维的方法相比，看起来总是最诚恳真

挚，也最有效果的了。

如果有人告诉我们：某某人在我们背后总是夸奖我们，我们会不高兴吗？ 这种赞语，如果当着我们的面说给我们听，我们也许会觉得他是有所图谋，是在说违心的话。

德国的铁血宰相俾斯麦，为了拉拢政敌的心，便有计划地向别人赞扬这个部属。 他知道有些人听了以后，必然会传到这个部属的耳朵里。

高帽首先要讲究有基础和适度，不要将傻子比成天才，那样会让人明显感到离谱；其次是美丽高雅，不能俗不可耐，否则只会适得其反；再者便是忌言辞毫无特色且又白过滥。

多提对方的自豪之事

语言是架起人与人之间关系的桥梁，赞赏是打开他人心门的一把钥匙。特别是对方值得称道的优点，当你发现了它们，且不吝赞美之辞，对方自然会认为你是值得信任并了解他的人，亲切感便油然而生。

就算是不怎么样的人，也会有一两处值得称道的优点。比如一个人优点很少，却很有运动天赋，或者酒量非常好，你都可以称赞这些。地位低的人尤其在意自己的小小闪光点，当然也可能有的人不太在意。但无论在不在意，当听到别人恭维自己的闪光点，看到自己被人肯定时，都会感到很高兴。

1960年，法国总统戴高乐访问美国，尼克松总统夫妇设宴迎接他的到来。总统夫人精心布置了一个鲜花展台：在一张形似马蹄状的桌子中央，有一个精致的喷泉，四周摆上五彩缤纷的花，两者相互映衬。

戴高乐一进宴会厅，就被这个设计吸引住了，他明白，这是主人为他的到来花心思制作的，所以他真诚地夸赞道："夫人您真是有心，这必定花费了很多心思和时间进行设计与布置，才能这样漂亮、雅致。"尼克松夫人听了这话，感到非常喜悦，觉得自己的工作成果得到了肯定与尊重。

对于尼克松夫人而言，布置鲜花展台应该是她分内的事情，有什么可称赞的呢？然而戴高乐并不吝啬赞美之辞，向夫人表示了诚挚的感谢和肯定，为晚宴创造了轻松愉快的气氛。

赞美是件好事，但却是件较难的事。如果你不喜欢某个人，最好的解决办法就是寻找他值得称道的地方。只要你看到对方身上的闪光点，你也就能够对他"另眼相看"了。

比如一个漂亮的女性，如果你像众人一样只夸她长得美，这样"锦上添花"的赞美，她几乎天天都听，你再怎么费力赞美她，她也只觉得平淡无奇。但是如果你对她说："你真是个才女，有能力，有才干，人也长得好看，简直就是才貌双全。"相信她一定会喜上眉梢，认为你这人很有眼光。

可见，夸赞别人的长处和优点时，最好是称赞他最不显眼，或许是连他本人都未能察觉到的亮点。因为他最大的优点大家有目共睹，若是单调地重复，可能会让这个人对你产生反感，而那些小的优点，是别人从未发现或者不经常提起的，因此也就显得弥足珍贵。而你的发现与称赞为对方增添了一份对自己的认识，也给了对方一个自我认识之外的惊喜。同时，你独特的观察力还会获得对方的好感。

拿破仑是个对奉承很反感的人，跟随他的将士们都很了解这一点，都不敢对他说奉承的话。然而，有一个聪明的士兵却对拿破仑说："将军，您跟其他人真的很不一样，从来不愿听人奉承。"拿破仑一听这话，认为十分真切，不但未斥责这个士兵，还感到有人理解自己，非常开心。

这位士兵之所以能成功奉承不爱奉承的拿破仑，最主要的原因是他发现了拿破仑值得称道的地方，并准确地称赞拿破仑的这个闪光点。

别人赞美你，相信你不会无动于衷。只不过有的人会赞美他人，有些人却很不擅长。大文豪萧伯纳说过："每次有人吹捧我，我都头痛，因为他们捧得不够。"可见，人都钟爱赞美，重要的是你懂不懂得巧妙地选取奉承的内容和方法，说到别人心里。

若是能多留意一下寻找别人身上的闪光点，并适宜地赞美，对方会觉得你很在意他、欣赏他，他自然也会对你十分亲近。同时，这样的赞美还能激发一个人潜在的能量，让其越来越自信。

学会借他人之口赞美异性

对于异性，如果赞美之辞过于直接或大胆，可能会让对方难以接受。

如果对男性直接赞美，容易让他误解，以为女方对他有好感；对女性直接赞美，则容易让她觉得这是刻意奉承，认为男方别有所图。这些显然都不是我们赞美的目的。

不妨试试借他人之口赞美异性，这样会比当面恭维收效更好。因为借他人之口传达自己的赞美时，可以很好地消除对方的误解，令别人感受到你的真诚，也不容易让他人产生误解。这样的夸奖，对方自然会欣然接受并心存感激。

在《红楼梦》中，史湘云和薛宝钗都试图劝宝玉入仕途，贾宝玉对此极为反感，于是他在史湘云等人面前夸林黛玉说："林姑娘从来没有说过这些混账话！要是她说这些混账话，我早和她生分了。"

这番赞美的话恰巧让走过窗外的黛玉听见，"不觉又惊又喜，又悲又叹"。结果，林黛玉对宝玉更添好感，并与他互诉衷肠，感情更为亲密。

林黛玉本身小心眼且爱使小性子，宝玉要是直接对黛玉说这些话，也许黛玉会认为这是宝玉在打趣她或是想讨好她。然而，宝玉在湘云、宝钗面前称赞她，这样就明显少了讨好的嫌疑，她就认为这样的好话是最真诚、最难得的。

可见，借他人之口来赞美别人，比当面恭维收效更好，简直就是事半功倍。 因为我们在背后赞美别人的时候，别人会觉得这样的赞美之辞更加真诚，这样，别人对你的信赖就会日益增加。 而且，你完全不用担心这些话传不到对方的耳朵里，因为世界上没有不透风的墙。

而你当面直接地赞美异性，特别是那些与你交情不是很深的异性，对方极有可能认为那只是应酬话、恭维话，说出来也只是为了讨好和交际。 但是如果通过别人来传达你的赞美，会有完全不同的效果。 此时，对方不会认为那些话语有矫揉造作的嫌疑，从而会发自内心地接受，并对你抱有好感。

多借他人之口赞美异性，可以让你的人际关系更加健康和谐。 假如有一位陌生人对你说："某某经常对我说，你是个十分厉害的人！"你听了之后一定备受鼓舞。 因此，不妨多在背后赞美异性，既让对方愉悦，又收到赞美之效，这远比直接对她说"你长得真漂亮"更容易让她接受。

要学会照顾对方面子

中国人都非常注重"面子"，从古语"士可杀不可辱"中就可见一斑，面子有时甚至重于性命，一旦撕破脸面，关系便彻底断绝了。

所以，任何情况下都要顾及别人的面子。试想，如果你由于某些原因未及时完成工作，你的上司当着众人不留情面地批评你，你一定会觉得面子扫地，十分难受，甚至会因此而仇恨上司，和他对着干。所以，聪明的人都会慎重对待别人，尽量不伤及对方的面子。

柳颜和丈夫结婚多年，已经习惯了丈夫对她言听计从，有时候在人前也对丈夫颐指气使。一天下班回家，她看到丈夫领来了一帮不速之客，买了一大堆烟酒鱼肉，搞得整个房子一团乱。她顿时生气了，也不管丈夫和朋友聊得正欢，冲过来对着丈夫就是一阵数落："你怎么带人来也不和我说一声啊！"说完就摔门而去。

在场的人们一个个一脸惊愕，尴尬万分。原来，这几个人与柳颜丈夫是多年未见的旧友，因为出差刚好聚在一起。柳颜的丈夫与旧友相见特别开心，于是豪气万分地对他们说："走，去我家吧！"大家都开玩笑地说："是不是需要和嫂子打个招呼啊？"柳颜丈夫听了这话，觉得面子上挂不住，于是一拍胸脯说："咱家哪有这规矩啊。"

原本是其乐融融的一次聚会，却由于柳颜的闹腾，很快就散了。这件事仿佛一根导火线，柳颜的丈夫因此与她大吵大闹，最后不得不以离婚收场。

在大庭广众下批评别人，逞一时口舌之快，确实令别人反感。尤其是夫妻之间，更要注意这点。

除了夫妻之间，在生意场上，朋友之间，也要注意考虑对方的面子。

抗战胜利之后，张大千准备从上海返回老家四川，众人设宴相送，并特别邀请了梅兰芳等人作陪。宴会开始，众人请张大千列首位，但是他却幽默地说："梅先生是君子，应坐首座，我是小人，应陪末座。"

众人听了这话十分纳闷，于是张大千解释说："不是有句话讲'君子动口，小人动手'吗？梅先生唱戏是动口，我作画是动手，所以还是请梅先生入座首席。"听毕大家哈哈大笑，并请两个人并排坐了首位。

张大千此举，是主动为梅兰芳做面子，不但让梅兰芳感动，更向人们展示了自己宽阔的胸怀，也令宴会的氛围更加宽松和谐，真是一举数得。可见越是重要的交际场合越要注意顾及别人的面子，假若无法做到这点，就很容易令彼此的关系陷入僵局。

有的企业家在代表公司与另一家公司洽谈合作业务时，不但没有按时赴约，而且他一见面就向对方说："我工作很多，我们快点谈吧，完了我还有其他安排。"这种说法，完全置别人面子不顾，是不尊重对方的表现，这种情况下谈业务自然很难成功。 不管对方是大人物还是小人物，给人留足面子，才会让自己的工作和生活游刃有余。

赞人需恰到好处

有的人喜欢说好话，说奉承话，却被人当成阿谀奉承甚至瞧不起；有的人同样喜欢说好话和奉承话，却让人觉得话语真诚，受人欢迎。为何会有如此差别呢？区别就是他们是不是懂得巧妙地说出恭维的话，是否讲到他人的心坎儿上。

那些上等的恭维，常被人称为"赞美""赞扬"或是"称颂"，而拙劣的恭维就会沦为"讨好""阿谀奉承""献媚邀宠"。显然，聪明的人总是能很好把握这样的度，比如和珅。

据说乾隆特别喜欢游历。某天，乾隆忧愁地对和珅说："朕想去江南游历一次，但是又考虑南北路途遥远，还劳民伤财，所以一直在犹豫。"和珅听了赶紧说："圣祖皇帝南巡过六次，臣民也并无怨，却只是歌颂圣祖体恤民情。"说完，还举出了古时君主尧舜等的例子，向乾隆阐述巡幸乃是古今盛典："先圣后圣，道本同揆，皇上你大可放心南巡。"

和珅字字句句正合乾隆心意，和珅见此，又接着说："更何况如今国库充盈，海内殷富，南巡的费用根本就是九牛一毛。"要知道，乾隆既喜好效仿圣祖，又喜欢学习尧舜，所以和珅就故意迎合这一点来说。乾隆随即万分高兴地讲："你真是朕的知己！"然后降旨预备南巡。

和珅之所以能在朝中如鱼得水，是因为他了解和清楚乾隆的喜好，总是能恰到好处地讲乾隆喜欢听的话，把乾隆哄得心花怒放。不得不说，和珅实在是高啊！

要想练就很高的恭维造诣，以下几点就是要点。

1. 说别人喜欢听的话，要坦诚得体，一定要赞赏对方"闪光点"

　　其实，很多人都愿意听夸奖之辞，而且会因此心情大好，除非对方说得太离谱。因此，在对别人说好话时，首先要让对方感受到自己的诚意，这样才能让你发现对方的"闪光点"，而你说的时候才能让对方觉得真诚、受用。否则，对方就会觉得你矫揉造作，阿谀逢迎，并且产生不快的感觉。

2. 可以多谈谈对方关心和得意的事情

　　无论与谁交谈，都可以多谈谈对方关心和得意的事情，这样容易赢得对方的好感和认同。

　　伊郎刚调到省委办公室那段日子，跟单位每个人都不是很合得来。原来，他认为自己在官场上春风得意，不停地向大伙儿夸口自己曾经的辉煌。然而，同事们听了后不但没有分享他的"得意"，反而都渐渐地疏离他。后来，经好友指点迷津，他才有所悟。从此以后，他逐渐改掉自己的毛病，主动去听同事和朋友们讲他们自豪的事。皇天不负苦心人，他终于赢得了很多人的好感。

　　谁都希望自己获得关注，希望别人能重视自己，关心自己。如果你和别人谈他得意的事情，就会让他觉得你在关注和认可他，他也就会对你产生极大的好感。

3. 不要像暴发户花钱一样，大手大脚地将赞美到处乱扔

如果对方是自己不熟悉的人，最好先不要急着恭维、赞美。要等你找出他的喜好后，方可进行恭维，如此才会有所效果。最重要的是，如果随便地恭维别人，很可能适得其反，因为有的人根本不吃这一套。一把钥匙开一把锁，因此赞美要准确，并不能一招通用。

赞美之辞的奥妙之处存乎于心，不一而足。只要你的恭维之辞能够让对方欣然接受，就能收到想要的效果。因此，我们平日里与他人交流时，更要细心锤炼自己的一言一语，在讲话之前好好思考一下，这句话会让别人喜欢还是让人心生厌恶。三思而后言，才能受人欢迎！

旁敲侧击比正面进攻更有效

淳于髡是战国时期齐闵王手下的一员重臣。淳于髡外表十分普通，一点也不显眼，用现在的话说就是属于站在人堆里都认不出来的那种人。正因为如此，他被埋没了很久无人欣赏。虽然外表平庸无奇，但是他的内在并非也是如此。他的至交都知悉他知识渊博、能言善辩，而且机智过人。可以讲，与他交往的朋友，都十分欣赏他的才华。

是金子在哪儿都会发光，淳于髡自然也不例外。当时，齐国的国王是胸怀大略、励精图治的齐闵王，他求贤若渴。可想而知，淳于髡如此才华横溢，齐闵王自然想引为己用。齐闵王把淳于髡召进了宫里，对他礼遇有加。这感动了淳于髡，决心尽力辅佐齐闵王。齐闵王大喜，令他做大夫。

淳于髡上任之后做了很多别人都没办法做成的事，这让齐闵王更加器重他了，且把自己的女儿赐婚与他。

战国四公子之一的孟尝君是当时齐国的名门贵族，有权有势，当过很多年的宰相。到了齐闵王时，由于他与齐闵王意见不合，一怒之下甩手不干，跑到薛地隐居起来。

就在此时，与薛接邻的楚国要进攻薛。楚国兵强马壮，薛只不过是个弹丸之地，兵力粮草都无法和楚国相比。战局一开，结果自然可想而知。想到这里，孟尝君心急如焚。无奈之下只得向齐闵王求救。

可是刚刚与齐闵王闹翻了脸，现在再回去求人家，岂不是很没面子？再说，即使孟尝君厚着脸皮去了，未必会说服齐闵王，最后只会弄得自取其辱。此时的孟尝君就像是热锅上的蚂蚁，急得团团转。

正当孟尝君一筹莫展之时，淳于髡正好来薛地拜访。他此次来的目的是奉命去楚国交涉国事，顺路过来探视孟尝君。孟尝君听说淳于髡要来看望自己，高兴极了。这样一来，正好可以请淳于髡帮助自己向齐闵王求救。他决定亲自到城外迎接，并且盛宴招待淳于髡。

淳于髡一直都是朝中重臣。他善于随机应变，常为诸侯们效力，也被各个诸侯拜为座上宾。

孟尝君开门见山地说："我将遭楚国攻击，危在旦夕，请君助我。"

淳于髡是个重情重义之人，自然不会让朋友落于危难。干脆地说："承蒙不弃，从命就是。"

说罢，淳于髡就启程回都了。回都后，他马不停蹄就往齐闵王宫殿跑。

齐闵王问道："楚国的情况怎样啊？"

这话题刚好中淳于髡之意。淳于髡说："楚国仗着自身强大便以强凌弱；而薛呢，也不自量……"淳于髡话说到一半突然打住，其实是在吊齐闵王的胃口。齐闵王听淳于髡说到半截便不讲了，马上又问道："薛怎么样?"淳于髡见引导成功，便见缝插针地说："薛最近建了一座祭拜祖先的寺庙，规模宏大，不过如今他们实力弱小，哪能保住寺庙。现在，楚王准备对薛地用兵，他的首要目标就是这座寺庙。唉，战况可想而知！因此我认为薛真是不自量力，而楚也未免太仗势欺人了。"

齐闵王一听薛建了祭祀祖先的寺庙，立刻急了，于是立即下令调兵于薛。

国王有责任和义务保护祖先寺庙。即使以保护祖先寺庙为目的，齐国也必须出兵救薛。一旦明了薛的危难与齐休戚相关，在这种危机面前，齐闵王当然不会再去计较与孟尝君的个人恩怨了。

淳于髡深谙说服之道。他和齐闵王的对话中，全程都没有提到一句请齐闵王发兵救孟尝君的话。因为淳于髡知道，如果这么做，齐闵王很可能会严词拒绝，那么自己也只能眼看着孟尝君陷于危难。所以他以旁敲侧击代替正面进攻。他抓住齐闵王最关心的祖先寺庙作为说服点，旁敲侧击，点到痛处，令齐闵王自己主动发兵救薛，从而达到目的。

齐威王即位后，整天沉湎于酒色，不理国事。朝中众臣都敢怒不敢言。淳于髡决定去试一试。

一天，淳于髡去拜见齐威王，只见齐威王正在跟一个妃子玩耍，根本不理会他，将他晾在了一边。淳于髡一见齐威王不搭理自己，于是心生一计。他请齐威王猜谜，并说这个谜语很难，还无人猜出来。齐威王一听高兴极了，就催淳于髡快说。淳于髡说："有只鸟停在王宫里很久，它很奇怪，既不飞也不叫。大王能否猜出这是一只什么鸟？"

齐威王思考之后回答道："这只鸟不飞则已，一飞冲天；不鸣则已，一鸣惊人。"说完这句话，齐威王理解了淳于髡的一番苦心。从此，齐威王开始励精图治，最终称霸天下。

齐威王八年的时候，楚国要攻打齐国。两国国力悬殊，倘若双方交战，齐国难以取胜。于是，齐威王令淳于髡到赵国求救。临走前，齐威王托他带上一些重礼，要给赵王。淳于髡一听，捧腹大笑。

齐威王问他是否礼物不够，淳于髡笑着说："我只是突然想到一件好笑的事情罢了。"

齐威王一听是好笑的事情，便追问是什么。淳于髡说："今天我从东边来时，遇到一个老农正在拜天。他拿着一个猪蹄子、一杯酒求上天保他米粮满仓五谷丰登。我见他拿的祭品很少，却许了很大的愿望，所以笑起来了。"

齐威王心领神会，又加了一倍去赵国的礼物。淳于髡来到了赵国，拜见了赵王，并且献上了礼物。赵王看齐国诚意十足，十分高兴，跟他亲切会谈起来。淳于髡分析时局，陈说利弊，说得激情澎湃、热血沸腾。赵王很快就被他说服了，即刻派十万精兵支援齐国。赵国的援救达到了立竿见影的效果，楚军见赵国来救，自知不是这两国的对手，只好退兵了。

齐威王大喜，在宫内设酒宴为淳于髡庆功。齐威王问他酒量几何，淳于髡回答说："喝一斗酒也会醉，喝十斗酒也会醉。"齐威王十分不解，既然喝一斗就会醉了，如何喝十斗呢？

淳于髡笑着说道："假若大王当面赏酒于我饮，执法官站在一旁，御史官站在背后，我战战兢兢，低头伏地而喝，这样酒量顶多就一斗。假若父母有贵客到我家来，我恭谨地陪酒敬客，应酬举杯，最多只能喝到两斗。假若是好友远道而来，相见倾吐衷肠，畅叙友谊，就可以喝到五六斗。假若乡间宴会，有男有女，随便杂坐，三两为伴，猜拳行令，席间可以自由畅谈行动，自由自在，开怀畅饮。这样，我就是喝到八斗也只会有二三分醉意。当宴会到了尾声，大家撤了桌子促膝而坐，男男女女混卧一席，靴鞋错杂，杯翻狼藉。等到宴终人散，主人送走客人而单单留下我，我身上都是酒味。这时，我欢乐之极，忘乎所以，要喝到十斗才会醉。所以说，酒后乱性，乐极生悲，世上的事情都是这样的啊！"

齐威王听完他如此精彩的酒经，不禁道一声好。从此以后，齐威王戒掉了通宵达旦饮酒的坏习惯。

借题发挥与旁敲侧击有着异曲同工之妙，都是借谈论某个问题来表达自己真正的意思。 在日常交际中，如果想要给别人提出某些意见，但又不便直接提出时，旁敲侧击法可考虑一下。 提出一些看似与正题无关的话题，让对方去领悟、去揣摩，以此达到启示、提醒、劝阻，或教育他人的目的。

第七章

聊天遇尴尬，如何化解有学问

坦诚亦可委婉，说话少碰钉子

一般来说，我们都喜欢坦诚直率、坦坦荡荡的人，这样的人说话直截了当，让人一听了然，好沟通。但在特定的语言环境中，适当地"拐弯抹角"有时会比直来直去产生更佳的语言效果。一方面，可以保护我们不被情绪激动的人在语言或者肢体上误伤；另一方面，也能在平和的环境中，在不激怒别人的情况下，指明问题。

中国人讲究曲径通幽的含蓄美，虽然它和条条大路通罗马是一个意思，但一比较即有明显的差别，委婉含蓄的优点即刻体现。

有一个人去一家酒店喝酒，发现店家自酿的酒味道酸便抱怨不止，老板听到之后很生气，把那个人吊在房梁上。这时，又进来了一位客人，他看到吊在房梁上的人觉得很奇怪，便问店老板这是怎么回事，老板回答道："我们小店自己酿的酒风味非常好，但是这个人却说我们家酒酸，你说他可不可恨，是不是该吊起来。"客人回答道："那给我一杯，让我尝尝。"客人喝完后，店主问："客官，这酒不错吧？"客人皱着眉头对店主说："唉，你还是把这人放了，把我吊起来吧。"

乍一听，会觉得故事中客人答非所问，不知所云，可一联系上文就不难领会其意思——酒确实酸。 客人的对答不仅表达出了自己的真实思想——酒酸，又避免了与店主的正面冲撞——被吊。 可以说，故事中的客人就是将言谈中"拐弯抹角"的技巧运用得较为成功的绝好例子。 他没有直接说出自己想要表达的思想，而是借用在某一具体而特定的语言环境中建立起来的与原意密切相关的一个句子进行表述，联系上下文方能得知其中奥妙，他使话语避免了火药味和无趣，使话语变得委婉含蓄，从而产生了更为理想的表达效果。

语言是多姿多彩的，同一个思想可以由不同的言语方式表达，既可以直截了当无遮蔽地直说，也可以含蓄委婉地表达。 在说话艺术中有这样一种说法叫作"多兜圈子，少碰钉子"，说的就是婉转地表达能在沟通中更好地帮助我们。

大家都知道刘备三顾茅庐，不辞劳苦打动了诸葛亮。 但是在诸葛亮出山的过程中，有一位名不见经传的普通的女人起到了重要的作用，她便是后来的诸葛夫人黄月英。

黄月英是沔阳一位隐士黄承彦的女儿。她虽然容貌称不上国色天香，但是才智过人，其智慧不亚于当世任何一位男性。

黄承彦非常欣赏诸葛亮的才华，所以有心把女儿嫁给诸葛亮。他邀诸葛亮来黄府一叙，诸葛亮早就听闻黄月英才智过人，所以也一直想找机会一睹黄月英的才华。

碰巧，此时的诸葛亮刚好受了刘备、关羽、张飞三人的两顾茅庐之请，对于自己是否出山也举棋不定，正想请教一下黄老先生，便欣然赴约。

到了黄府，黄承彦叫出女儿黄月英与诸葛亮相见。诸葛亮看到黄月英虽然相貌平凡，但落落大方，颇有风度，心中不由得有了几丝好感。互相问候之后，诸葛亮便把刘备两顾茅庐的事情告诉了黄承彦，想征求他的意见。

黄承彦想了想道："那你现在到底想不想出山？"

诸葛亮答道："想来想去，还是隐居南阳、躬耕陇亩为好。如今天下大敌，世事难料，还是苟全性命于乱世，颐养天年吧！"

黄承彦心想：身处乱世根本没有一块净土可以让人晴耕雨读，只要乱世未止，早晚有一天战火会燃到自己头上。但刘备、关羽、张飞三人两次去请诸葛亮都没有说服他，自己又有何德何能劝服他呢？正当黄承彦思索之时，黄月英已接过话题说道："小女子才疏学浅，但想向先生进一言：避乱隐居，固然悠闲，但处于乱世之中，你会清静吗？苟全性命也绝非易事，孔融是个书生，但却被曹操所杀；祢衡洁身自好，也死于非命。先生难道不应该吸取教训吗？依我看，先生人称卧龙，有旷世之才，应当挺身而出。况且，刘备是一个有雄图大略的人物，曹操最忌惮的人便是他了。他亲顾茅庐，说明他礼贤下士，非常器重你，你应该出山辅佐他。大丈夫一生一世，为什么要默默无闻，而不去干一番大事业呢？"

黄月英的一番话，使诸葛亮不由得对她肃然起敬，十分佩服她的才华。同时，诸葛亮也不再打算避乱隐居，不问世事，而是准备出山辅佐刘备。

黄月英的一番言论如催化剂般，使诸葛亮猛然醒悟。于是，在刘备三顾茅庐之后，他出山辅佐刘备，最终帮助刘备建立蜀国。

黄月英对诸葛亮的劝说就是教科书式的坦诚而婉转的说话方式。她没有一上来就用功名利禄和人身安全来说服诸葛亮，而是用其他人的例子以及天下苍生所指来劝说，说得诸葛亮点头称是。由此可见，委婉劝进的话是十分有号召力的。用情感人，委婉劝进的话别人最爱听，也最容易成功。

委婉含蓄的表达是一种语言的艺术。委婉含蓄绝不是避重就轻无意义地兜圈子，它和口无遮拦相对，最终目的是要说明问题。从说明问题的角度来说，直言不讳、开门见山虽然简单明了，但给人的刺激太大，容易伤害对方的自尊心，同时也有可能因为刺激到了别人从而伤害到自己，所谓祸从口出说的就是这个道理。

委婉含蓄的语言，是劝说他人的法宝，委婉的语言能适应人的心理上的自尊感和存在感，这两点被满足后，人就容易产生赞同。可以这么说，委婉含蓄的语言就是智慧、成熟的表现。另外，茅盾说："在生活中，每个人都应当是春晖，给别人以温暖。在今天，人与人之间的关系，更应该如此。朋友之间，待之以诚，肝胆相照，不就是相互照耀、相互温暖吗？"而委婉的坦诚正是向对方送温暖的一种方式。

找到问题的主要矛盾，将其转移

在我们与他人交谈并想说服他人认同某种观点的时候，可能会遇到由于双方在认识上不一致，从而导致相互抵触、争议甚至攻击等的问题，这种问题就是破坏性问题。

在遇到对方提出破坏性的问题时，最好的解决办法就是尽力找到问题的主要矛盾并将其转移。只有这样，才能有效地化解冲突，重新回到交谈的轨道上。

说服是一门艺术，更是一个人综合素质的体现。想要甩掉对方破坏性的问题，首先要具备的是耐心。当对方气势汹汹找你时，你应该问清楚状况，然后冷静分析，寻找最佳的应对方式来解决问题。在工作中，下属在和领导讲话时遇到了对方的破坏性问题时该怎么办呢？聪明的下属懂得适时退让，转移主要矛盾，避免与领导发生冲突。

办公室中，王华对总经理说："总经理您好，昨天我交给您签字的文件，您签了吗？"

总经理疑惑地看了看王华，在办公室里找寻一番后说："我没有见过这份文件。"

这时，王华有两种选择。一是与总经理据理力争："我昨天请您的秘书将文件放在办公桌上的，会不会是您弄丢了？"这种对话的结果很可能是王华与总经理开始争论，气急败坏之下甚至会演变成一场争吵，那样不仅对工作的完成无益，反而可能招致总经理对自己的记恨。

王华的另一种选择是，不管出于什么原因，既然总经理说没见过那份文件，那就再拿一份让他签字吧，也不值得为这样的小事得罪领导。

经过一番权衡，王华回到办公室，再次打印出那份文件，总经理爽快地签了字。

冲突发生时，你会选择哪种解决方式呢？ 王华采取了退一步，将主要矛盾转移进而平静解决的方法。 也许这确实给他带来了一些重复的劳动，但不吵不闹的处理方法有时更实用。

其实，我们在说服他人的时候，大可不必与他人针锋相对。 很多时候，只要给他人一个台阶下，就能有效地解决对方的破坏性问题，而在售货员面对顾客时，这样的解决方式尤为有效。 有些时候，适当地给顾客一个台阶下，也是为了更好地说服顾客。 当顾客对你的产品有意见时，发生矛盾后双方肯定谁心里都不痛快，很容易失态，口出恶言，把话说绝了。 一时把话说绝，痛快也只能是一时的，而受伤害的是双方长远的关系和自己的声誉。 所以，即使有了再大的矛盾，我们也应该把握住一点，就是不把话说绝，给对方也给自己一个台阶下。

一位顾客在商场买了一件外衣之后，要求退货。衣服她已经穿过一次并且洗过，可她坚持说"绝对没穿过"，并要求退货。

售货员检查了外衣，发现有明显的干洗过的痕迹。但是，直截了当地向顾客说明这一点，顾客是不会轻易承认的，因为她已经说过"绝对没穿过"，而且还精心地处理过。于是，售货员说："我想知道是否你们家的某位把这件衣服错送到干洗店，我记得不久前我也发生过一件同样的事情。我把一件刚买的衣服和其他衣服堆在一块，结果我丈夫没注意，把这件新衣服和一堆脏衣服一股脑地塞进了洗衣机。我觉得可能你也遇到了这样的情况，因为这件衣服的确看得出已经被洗过的痕迹。不信的话，可以跟其他衣服比一比。"

　　顾客看了看，知道无可辩驳，而售货员又为她的错误准备了借口，给了她一个台阶下。于是，她顺水推舟，收起衣服走了。

　　如果售货员直白地揭穿顾客的"伎俩"，再强硬地驳回对方的要求，就等于在大庭广众之下把话说绝了，换来的只会是一场尴尬和不欢而散。现实中，人们普遍存在着吃软不吃硬的心态。特别是性格刚烈的人，如果你说话"硬"的话，他可能比你更硬；你如果来"软"的，对方倒会于心不忍，也就有话好好说了。

　　在说服的时候一定要注意转移矛盾，绝大部分的矛盾争论，结果都会使双方比以前更加坚持自己的立场和观点。在争论中没有赢家，不管你是否在争论中占了上风，本质上你都是输了。即使你在争论中把别人驳得体无完肤、一无是处，又能怎样呢？你可能会暂时高兴，但对方的自尊心受到了伤害，会对你产生怨恨。

　　事实上，发生冲突后，因为彼此心里都有怒气，很容易失态，口出恶言。在说服他人的时候，就应该保持敏锐，及时发现造成你们之间交谈不畅通的主要矛盾，并及时将矛盾转移。这是一种高超的说服技巧，能有效避免彼此之间的矛盾进一步加深。

求同存异，寻求双方的共同点

　　人与人的谈话中，难免会有意见不一致的时候，即使意见相悖，也不要一开始就点明自己的不同观点。 想要最终说服对方，最好的办法就是求同存异，寻求双方的共同点，在想让对方信服的观点中，寻找双方都能认同的一点，由点及面，再将整个观点完整地表达出来，达到说服对方的目的。

　　如果一开始就说出了不同意见，那后面想反悔就特别困难。 因为已经把不认同都说出来了，如果再否定，岂不成了自己打自己的脸了？ 因此，带领对方走向认同的方向，淡化掉与他相悖的观点，是一条说服他人的捷径。 但是，有些聪明的对手在开始就有了防备心理，所以不容易被说服。 因为对方有了心理戒备，所以他们始终觉得"我和你不是一条船上的人"，这个时候就需要通过情感交流来达到说服目的。 要想办法让对方觉得我们是"一条绳上的蚂蚱"。 比如，要想劝人戒掉某种不良嗜好，最好的方法就是让有过类似经历的人去劝诫。 因为相似的经历会让对方感觉彼此距离很近，减少了戒备之心，有利于营造说服对方的气氛。

　　　小陈是一家服装专卖店的店长。这天，来了一个顾客，销售员小韩首先跟进顾客，她问顾客的需求并主动介绍服装，但顾客始终都不怎么搭理，只是说先看看。
　　　这个时候，小陈上前说："先生，刚才听您说话好像不是本地人吧？"顾客说："是啊，你怎么知道？虽然我不是这里的，但是来这里已经好多年了，好多人都听不出我是外地的。"小陈笑着说："您是江苏的?"顾客说："对啊，你连这个都可以听出来啊? 真有你的。"小陈说："我们是老乡，我也是江苏的，我是江苏盐城的，您呢?"顾客笑意颇浓地说："我是南通的，想不到在这里还碰到了老乡。"紧接着，他们聊了一些家乡的事情，最后小陈顺利卖出了一套衣服。

小韩的目的是销售服装，而顾客有时候对这种推销会有抵触心理，而经验丰富的小陈懂得从双方的共同点出发，找到一致的话题进行交谈，先不去考虑自己与顾客之间的不同立场，做到求同存异，把自己和顾客是老乡这个共同点作为突破口，从而机智地说服顾客，让顾客购买服装，最终达到销售的目的。 如果对方对你所说的观点比较排斥，可以先从对方比较容易接受的事情开始，找到共同的话题，使对方容易接受，放平心态，让对方渐渐被说服。

美国总统林肯在解放奴隶的演说中，并不是一开始就表明自己的观点，而是先说一些反对者同意的观点，然后再逐渐将反对者引导到自己的观点上。

林肯说一些反对者同意的观点，让反对者自己去感受他们本身的观点，从而让他们发现自身存在的缺陷，最终，那些反对者就会信赖林肯。尽管反对者在"自我发现"的时候，意识上会认为这就是自己的观点，但实际上却是被说服者一步步引导出来的结果。假如说服他人的时候，一开始就站在了对立面，而不是求同存异，这样双方之间的距离就会越来越远，矛盾也越来越尖锐，不利于沟通。而林肯懂得求同存异，寻求共同话题，最后成功地说服了反对者。

林肯明白，一上来就直接说和反对者相悖的话，结果就可能导致反对的浪潮越来越高。因此，他的演讲是从对方相同的观点开始，然后再慢慢将对方引到自己的观点上。

在开始交谈之际，先说一个双方都认同的观点，会轻松得到对方的肯定，让对方感到特别愉快，谈话的气氛也会更融洽，进而再引出真正的想法，对方接受起来也就容易多了。

要做到求同存异，寻找出共同话题，最佳的方法就是先肯定对方，让对方在认可你的同时，自己也处于松懈的状态。否则，会让对方在抵触你的同时，自己也处于戒备状态，不利于说服。因为对方认可你的时候是处于松懈的状态，所以你更容易将自己的观点渗透到他的潜意识里。

应对揭短行为的说话技巧

俗话说："打人不打脸，说人不揭短。"可见，揭短的行为在人际交往中是多么令人不待见的一种行为。但是，我们总会遇到被别人揭短的情况。无论对方是有心还是无意，其结果都使我们陷入了尴尬而又不得不有所回应的境地。面对这种情况，要怎样说话才能全身而退呢？可以分四步来化解尴尬，走出被人揭短的窘迫境地。

第一步：坦然承认。揭短的人最想看到的无非就是你恼羞成怒的样子，面对被揭短，这时你若是泰然自若、面不改色、坦然大方地承认对方所说的情况，会给对方的心理造成无形的打击，也会降低揭短所带来的负面影响。揭短的行为没有达到预期的效果，对方会暂时乱了阵脚，下面你就可以一步步地掌握主动权，化解被人揭短所带来的尴尬与窘迫。总之，先承认，再伺机反击。

第二步：接过话茬。在表明自己"无所谓"的态度的同时，要趁机自然而然地接过话茬，掌握话语的主动权。接下来便可以充分发挥自己的聪明才智，向对方进行回击。

第三步：伺机补救。掌握了话语权以后，就要将话题引向对自己有利的一面，抓住机会通过言辞对被揭短一事进行补救。或做适当解释，或做补充说明，总之，不仅要让他人知其然，还要使他们知其所以然。

第四步：转移话题。最后的反戈一击是应对揭短行为的说话技巧的高潮部分，也是实现华丽逆转的关键一步。在前面三步的铺垫下，适时将话题引向揭你短的人，将语言的矛头转向他人，利用华丽的说话技巧，实现戏剧性的逆转，完美摆脱窘境。

曾任美国国家安全特别助理的基辛格博士，是一位足智多谋、善于应付任何尴尬场面的外交家。1972年5月30日，他随尼克松总统访苏结束后，前往德黑兰作短暂停留。当天晚上，伊朗首相胡韦达邀请基辛格去看舞女帕莎表演。帕莎的高超舞艺使基辛格看得出了神，末了，他还和帕莎交谈了一阵子。

第二天，在总统的专机上，美国《纽约时报》记者马克思·弗兰克尔向基辛格打趣地说："你喜欢她吗?"

面对如此唐突和不怀好意的戏弄，一般人准会窘态百出，而基辛格却不假思索，一本正经地回答道："她是个媚人的姑娘，而且对外交事务有着浓厚的兴趣。"

这位记者错误地领会了他的意思，追问道："这是真的吗?"

基辛格更认真地说："那还有假? 我们一起讨论了限制战略武器的会谈。我费了好些时间向她解释怎样把SS-7导弹改装成在V级潜艇上发射……"

那位记者听到此时，才感到上了当。基辛格所谓的"向她解释"的那个问题，正是这些记者们一直追着不放而基辛格一直守口如瓶的国家机密问题的名称。

事例中，基辛格先是坦然回答了记者所提出的问题，并且顺势为自己下面的言语反击埋下了伏笔。接着面对记者的追问，他将话语权抢到了自己手中，在成功转移话题的同时，也对记者不怀好意的问题进行了反击。不仅使自己摆脱了窘境，还给对方一个回马枪，杀了个措手不及。

生活中也是一样，当我们面临来自他人不怀好意的刻意揭短行为时，我们可以灵活地运用以上说话技巧，使自己摆脱窘境。

王倩倩和杜若华以前同是市剧团的演员，由于杜若华那时总是被安排演 A 角，而王倩倩总是演 B 角，致使王倩倩一直跟杜若华有些不对付，虽然现在都离开剧团好多年了，但两人偶尔见了面，还是针尖对麦芒。一次，以前同剧团的老张给孙子摆满月酒，王倩倩和杜若华都去参加。席间，王倩倩当着很多人的面，故作关心地问杜若华说："老杜啊，听说你女儿离婚了？怎么会这样呢？那孩子不是嫁得挺好的吗？怎么就离婚了呢？"杜若华的女儿是离婚了，她早料到王倩倩会在今天这个场合说出来让自己难堪，于是镇定地说道："是，离婚了。"王倩倩说："孩子没事吧？我听说有些人离婚后会产生心理方面的问题的。"杜若华说："哦？是听你女儿的前男友说的吧？孩子好得很，没事，吃一堑，长一智嘛，她这也算是经历过了。倒是你女儿呀，有三十了吧？怎么还没个正经男朋友呢？也不小了，差不多该结婚就得结婚了，别老剩着了。"

杜若华在面对来自王倩倩的揭短时,一步步地将"祸水"转移到对方的身上,从而成功地使自己摆脱了窘境。

可见,揭短行为并不可怕,面临他人的揭短所带来的窘境,首先要保持冷静,坦然面对,此时若是扭扭捏捏、羞得满脸通红反倒是合了对方的心意。接着便要使用上述的说话技巧,一步步化解尴尬。

另外需要说明的是,在生活中,一般那些揭你短的人大都是出于无意,而是朋友、亲人间开开玩笑。存心要通过揭短来中伤你的人还是极少数。所以,对于这种情况,我们还是要尽量以轻松的方式进行化解,若是火药味太浓,使双方关系破裂就不太好了。

失言后，如何用话语弥补

　　说话是一项脑力劳动，大脑需要高负荷运转才能高谈阔论、妙语连珠。但是，人脑也有疲倦的时候。当人脑疲倦的时候，就容易出现失误，这种失误表现在说话方面，就是失言。失言并不可怕，关键是要知道如何弥补。有的人话一出口便意识到了自己的失言，但是却因慌乱而不知所措，甚至变得语无伦次，这就使自己陷入了更加尴尬的境地，还有可能引起他人的误会，造成矛盾。在意识到自己失言时，是完全可以用话语进行弥补的。那么，怎么弥补失言呢？

　　失言的行为在日常工作、生活中的任何一种场合都有可能发生，而在不同场合，虽然用以弥补失言的语言有所不同，但其说话方式却是具有共性的。

　　首先，在意识到自己失言之后，我们立即要做的应该是为失言行为进行道歉并且对其加以纠正。毕竟人非圣贤，孰能无过，出错了并不可怕，关键是要及时改正。若是在失言后及时向听者致以真诚的歉意，并对自己之前的话加以纠正，相信他人也不会故意为难，揪住你的失误不放。所以，失言后首要选择的弥补方式便是及时道歉并纠正。

　　一次，美国总统里根访问巴西，由于旅途疲乏加之年龄较大，在欢迎会上，他脱口说道："女士们，先生们！今天，我为能访问玻利维亚而感到非常高兴。"有人低声提醒他说错了，里根忙改口道："很抱歉，我们不久前访问过玻利维亚。"他的这个小失误，很快就淹没在了他的滔滔大论中。

里根总统在面对自己的失言时并没有自恃身份而不肯承认错误，而是对于自己讲话时的语言失误及时向听众道歉，并解释了原因，这样做不仅没有使他丢脸，没有带来尴尬，反而显得难能可贵。

有时候，不需要把自己看得太重要，使自己背负上没必要的负担，你并没有想象中的那么多观众，即使有，他们对于你在说话时的一次失言也不会刻意放在心上。有时候，偶尔的一次失言，没有你想象中的那么严重，它很快就会被人们接收到的其他语言信息所淹没。所以，放开自己的束缚，失言后可以尽情地用话语去纠正，以此达到对其进行弥补的目的。

及时道歉并纠正的弥补方式还包括意会式的道歉：当意识到自己失言后，说"真对不起，你看我忘了……""真抱歉，我不知道您……""我真该死，您看我这话说的……"等。这时并不将自己失言的具体内容说出来，而是以道歉为主，具体内容让对方意会，既避免了将对方忌讳的言辞说出来加深尴尬与误会，又能对我们的失言行为进行弥补。

失言时以真诚与坦率赢得他人的谅解的说话方式，并不是适用于所有场合所有人。对于特别爱面子或者没有立即发现自己失言的人或者客观条件不允许做出纠正的情况来说，这一说话方式就不那么适用了。这时候，就可以采取一错到底、将错就错的弥补方式，置之死地而后生。这需要一定的机智，也具有一定的危险性，所以要在有把握的情况下才可以使用。若是在没有把握的情况下贸然使用，可能会弄巧成拙，使气氛变得更加尴尬。 所以，在失言后试图对其进行弥补时，要根据现场的具体情况和自己平时积累的经验选择说话方式。 若是在对整体情况把握不足的条件下选择了将错就错的弥补方式，不仅无法对失言行为进行弥补，甚至还可能会加重失言所造成的后果，给我们带来不必要的损失。

对失言进行弥补的说话方式还有很多，但以上这两种方式是主要的解决之道。 其他弥补方式还包括：移花接木，就是将自己所说的失言之语巧妙地转换成另外一种意思；文字游戏，利用汉字的同声别义、一词多义等特点，对造成我们失言的词语进行巧妙地解释，从而达到弥补失误化解尴尬的目的。

总之，人际交往中难免失言，失言后我们要积极地进行弥补，至于选择何种说话方式进行弥补，还要根据具体情况、日常生活的经验和素材的积累而定。

面对埋怨，不妨高抬对方

当一个人心有怨愤的时候，逆反心理往往比平时强烈。在其诉说心中的怨愤的时候，若是遭受到批判，只会加重他心中的怨气，脆弱的人甚至会感到孤独绝望，造成不可挽回的后果。所以，面对来自他人的埋怨时，不妨适时高抬对方，使对方感到被肯定、被尊重，从而化解对方的怨气，同时也使自己避免了陷入窘境。

小周的妻子什么都很好，就是虚荣心太强。有一次，小周的一位好朋友结婚，邀请小周夫妻俩出席。小周妻子就缠着小周要买一顶昂贵的花帽。此时他们家正处于"经济危机"中，小周自然不愿多花这无谓的钱。于是两人争吵了起来，小周妻子说："你看人家小兰和小于的爱人多大方，她俩说买，二话没说就给她们买了，哪像你，小气鬼！"小周不愿跟妻子继续争论下去，转念一想，说："那是啊，她们俩有你漂亮吗？她们俩要是有你这么美得冒泡，还用买帽子来装饰吗？"小周妻子一听这话，"扑哧"一声转怒为喜，一场争吵就这样化解了。

小周面对妻子的埋怨，并没有大动肝火，理论一番，而是运用高抬对方的说话方式，让妻子的虚荣心得到了一定的满足，顺利地化解了矛盾。

他人对我们心生埋怨，大多是认为我们能力不足或做得不够好。这种时候，适当夸张地高抬对方的某些方面，让对方觉得不是我们不够好，而是他们太优秀、太好了，这可以对我们摆脱窘境起到意想不到的作用。

小玲是某百货公司时装专柜的售货员，接待的顾客多了自然也免不了听到抱怨与不满。刚开始时，小玲一点就着，听到这些就尴尬万分，一肚子气，甚至有时候还给顾客甩脸子。渐渐地，顾客自然就少了。这时小玲开始反思了，认为自己的方法确实不对。于是，当再听到顾客的指责、抱怨时，小玲就换了应对的说话方式。这天，一位身材略微有些发福的中年女性来到小玲的专柜，小玲给她拿了几件衣服，试完后感到都不满意，渐渐地这位顾客也有点不耐烦了，抱怨说："唉，你们这儿就这么几件衣服吗？还是不舍得给我拿出来？"这明显是在指责小玲服务不周，小玲见状，并没有像以前那样与之针锋相对，而是说："哪里，您可冤枉我了。我是看您气质比较高贵，就先拿出了几件比较衬您的气质的，你要是不满意，我再去给您多拿些款式过来，您稍等。"

小玲面对顾客的埋怨与指责，并没有大动肝火，而是将对方抬高，说对方"气质高贵"，并以此作为自己没能让对方满意的原因。想来那位顾客不会拒绝小玲的这一评价，自然也就消了气，小玲也顺利使自己摆脱了窘境。

当人们表达他们的不满或抱怨的时候，心里已经存有一定的怒气了，这时，如果再对他们加以指责，会让他们感到更加委屈与愤怒。对于女性来说，尤其如此。但是，若能在他人埋怨时把握时机，针对对方的优点将对方高抬，甚至略有夸张也无妨，他们便会感到自己得到了肯定，负面情绪也会随之一扫而光。

老林在市电视台工作，最近电视台策划的一档选秀节目他是负责人。老高是老林的好朋友，也是传媒界人士。老高知道老林负责的这档节目以后，对于老林没有给他个评委当当颇有怨言。一天，老高见到了老林，向老林抱怨说："你也太不够意思了，早就跟你说过我想弄个评委当当，这么好的机会你却不安排，你什么意思啊？"老林见状，总不能直说老高没有当评委的资格吧？于是和颜悦色地说："我怎么会忘了你呢？只是这种选秀节目太小儿科了，根本显不出档次来，你去当评委会使你在传媒界的威信受损的。放心，有好的机会我不会忘记你的。"

老林面对老高的抱怨，适时将老高身价抬高，既使自己摆脱了窘境，又化解了老高的怒气，维护了老朋友之间的友好关系。由此可见，高抬对方的说话方式，可以很好地达到化解埋怨、摆脱窘境的目的。

夫妻之间难免有磕磕绊绊，吵架拌嘴也是常有的事。这时，面对对方的埋怨，我们可以像上述事例中的小周一样，适时将对方抬高，既幽默有趣，又化解了彼此的怒气。本来小两口吵架就不记仇，一句夸张地将对方抬高的话，就能使彼此破涕为笑，握手言和。

顾客是上帝，商家在面对"上帝"的埋怨时，更得谨慎选择说话方式。高抬对方的说话方式在奉承、取悦"上帝"的同时，也使矛盾与尴尬得到了化解，可谓一举两得。

老朋友之间，虽然坦诚相见是必需的，但有时候互相赞美也是少不了的，特别是在面对对方的埋怨的时候，把对方适当地抬高，对方即使察觉了，也并不会戳穿你。即使是戳穿了你，那也会谅解你。

总而言之，面对他人的埋怨时，我们要根据具体情况来选择抬高对方的哪一方面，使对方处于一定的高度，得到一定的满足，从而原谅我们，达到我们摆脱窘境的目的。

第八章

学点幽默，才能越聊越开心

幽默是与人交往的最佳见面礼

幽默不仅是一种智慧，更是一种观察人生、体验人生的生活方式。擅长交际的人一般比较注重礼节，会给初次见面的人送上一件可心的见面礼，以增显自己的礼仪，提升他人对自己的好感。最佳的人际交往见面礼是幽默的涵养，这是金钱、物质所无法比拼的。初次见面就能够将自己的睿智、风趣轻松地展示给他人，给他人带来一种美好舒畅的心情，才能让他人长久记住自己的人格魅力。

美国总统威尔逊是一位非常幽默、风趣，喜欢自我调侃的人，因此，有他参加的活动，气氛总是很好。在他初任新泽西州的州长时，曾经参加了一次某社团举办的午宴，宴会的主席对大家介绍说："威尔逊将成为未来的美国大总统！"当然，这不过是宴会主席的溢美之词而已。

这时，威尔逊在称颂之下登上了讲台，简短的开场白之后，他对众人说："我希望自己不要像从前别人给我讲的故事中的人物一样。"

"在加拿大，一群游客正在溪边垂钓，其中有一个叫约翰森的人大着胆子饮用了某种具有危险性的酒，还喝了不少，然后就和同伴们准备搭火车回去了。可是他并没有搭北上的火车，反而坐上了南下的火车。同伴们十分着急，就给南下的那趟火车的列车长发去电报：'请将一位名叫约翰森的矮个子送往北上的火车，他已经喝醉了。'很快，同伴们就收到了列车长的回电：'请将其特征描述得再详细些。本列车上有 13 名醉酒的乘客，他们既不知道自己的姓名，也不知道自己的目的地。'

"而我威尔逊，虽然知道自己的姓名，却不能像你们的主席先生一样，确知我将来的目的地在哪里。"

在座的客人一听哄然大笑，都被威尔逊的幽默所感染了，气氛也逐渐活跃起来。

小幽默是弱化陌生感的大智慧

要想与陌生人交往，让陌生人亲近你，首先就得克服交往的恐惧之心，主动与陌生人打招呼并保持联系，然后就要自然大方地表现自己。用幽默拉近与陌生人之间的距离，用诙谐实现与陌生人之间的互动。

善于交际、会搞关系的人，与众不同的地方就在于他们能很快地、很有效地与陌生人交往。从这点来看，做一个善于交际的人并不困难，只要你能主动地把手伸给陌生人即可。其实，与陌生人交谈并不是多么困难的事，只要你回忆一下别人主动与你交谈时内心的激动，便会知道认识别人或被人认识都是令人愉快的事情。当你尝试着向陌生人伸出手，并互通姓名之后，就会觉得这比一个人被动地站着要轻松得多了。

在现实生活中，更多的人似乎对交往，尤其是与陌生人交往有一种恐慌，不愿甚至不敢同陌生人交往。要想克服这种"社交恐慌"，首先就要克服自卑心理。自卑像受了潮的火柴，再怎么使劲，也很难点燃。如果你总是表现得畏首畏尾、缩头缩脚，旁人自然也以为你真的无能，不愿与你交往。这样，你当然会感到更自卑，心里更压抑。那么，我们该如何克服"社交恐惧症"呢？

首先，称赞别人是治疗恐惧的特效药，你必须勇于称赞对方。如果对方和你相处感到很轻松，就会不自觉地对你友善，甚至会称赞你，而你也会因此感到很轻松、很有自信。这就是我们所说的，你会很容易得到克服羞怯的力量和勇气。通常，感到幸福的人，也会希望别人与自己一样幸福，所以你的努力一定会有所回馈。

其次，尽你的力量去帮助对方。在社交中，让对方感觉轻松愉快，是治疗自己内向很有效的方法。简单来说，帮助对方就是让对方抱持希望。人因为怀抱理想与希望才生存下去，也因此才能够抗拒天灾、人祸的考验。一般的推销员都懂得"使对方抱持希望"的心理学，推销员能够向顾客推销保险，就是利用这种心理学——让顾客在遭遇不幸时还存有希望。而推销员向顾客推销牙刷、化妆品的要点，就在于利用顾客希望自己健康、美丽的特点。

如果你能够让对方抱持希望，帮助他实践希望，你就能够赢得他的友谊与关爱，在他的心目中占有重要地位。而这一重要地位除了让你觉得愉快、轻松之外，也会满足你的自信心，这样一来，你必能克服你的内向和胆怯。

所以，如果你想从生活中赶走自己的内向和胆怯，就必须使你周围的人，特别是会遭受困难的人抱持希望。换句话说，你应该对他们付出关怀，让他们再度燃起生命之火花。譬如，对你的上司、同事、顾客，你都应该让他们对你即将提供的东西抱持希望。

再次，你在心理上要对自己多加鼓励，尽量减轻自己的心理负担。比如说，在与陌生人交往感到恐惧时，你不妨想一想：我的社交能力虽然差些，但别人开始时不都是这样吗？不管什么事情，开始都不见得能做好，多实践几次就会做好了，大家都是一样。这样想对于克服与陌生人交谈时的局促很有效果。

当你遇到举止谈吐、风度魅力及其他方面都很出色的人时，不要将自己盲目地与他进行比较。 心里千万不要这样想：他真棒，我比不上他，和他在一起，我实在太差劲了。 而是应当这样想：他确实很出色，但是人各有长处，我在这方面虽然不如他，但是在别的方面我也有自己的特点。 人生来不是为了与别人盲目进行比较的，重要的是发现并发挥自己的各种潜能。 "梅须逊雪三分白，雪却输梅一段香。"明白这个道理后，你就会变得自信起来。

推销自己，幽默创意

幽默在求职过程中可以体现你的随机应变能力以及对自我价值的肯定。其实，一个求职者的价值很大一部分是说出来的，幽默的口才可以让你最大化地宣传自己，无论这种幽默的宣传是一种语言，还是一种行动。

英国是一个高福利和高薪制国家，只要能找到工作，一般都能拿到理想的工薪，但要找工作却不是一件易事。有一位 22 岁的年轻人，是名牌大学的高才生，大学毕业后一直找不到工作。尽管他有一张大学新闻专业的学历证书，但在竞争激烈的人才市场上，经常被碰得头破血流。

为了找到一份合适的工作，这位年轻人从英国的北方一直跑到首都伦敦，几乎跑遍了全国。一天，他走进《泰晤士报》编辑部。

他鼓足勇气非常有礼貌地问道："请问，你们需要编辑吗？"

对方看了看这位貌不出众的年轻人，不冷不热地说："不要。"

他接着又问："需要记者吗？"

对方回答："也不要。"

年轻人没有气馁："排字工、校对呢？"

对方已经不耐烦了，冷冷地说："你不用再白费口舌了，我们这儿现在不缺人手。"年轻人微微一笑，从包里掏出一块制作精美的告示牌交给对方，说："那你们肯定需要这块告示牌。"

对方接过来一看，只见上面写着漂亮的钢笔字体："名额已满，暂不招聘。"

这大大出乎对方的意料，这位主管被年轻人真诚而又聪慧且幽默的求职行为所打动，破例对他进行了全面考核。结果，年轻人幸运地被报社录用了，并被安排到与他的才华相应的对外宣传部门工作。

事实证明，负责招聘的主管没有看错人。20年后，年轻人已经成了中年人，同时也成了《泰晤士报》的总编。这个人就是生蒙，一位资深且具有良好人格魅力的报业人士。

生蒙在求职中善于变换思路，善于运用绝处求生的幽默思维，赢得了机遇，最终由待业青年成了英国王牌大报社的顶尖人物。无论从事何种活动，都要求我们摆脱思维定式，运用创新的思维，想出独立的创意以应对新的情况，解决新的问题。当然，这也需要我们付出极大的努力。当我们的创新遇到障碍、陷入困境难以继续时，就应该反思一下：幽默的头脑是不是被某种思维定式所束缚，有没有解决问题的其他方式？

求职过程中，幽默口才是宣传自己、推销自己的媒介。幽默的口才和创意的思维，最终会帮助你赢在求职、赢在职场！

融洽幽默，最大化亲和力

一名优秀的上司不能对下属太过严厉和苛求，成天沉着脸，不仅不能增加自己在下属心目中的威信，反而会让他们更加疏远你。所以，适当展现出自己幽默风趣的一面，便能树立一种和蔼可亲的形象，融洽与下属的关系，给整个团队带来欢乐的气氛，从而带动下属的工作热情，增强公司的凝聚力。

有一次，有一家公司的经理带领员工正在卸货的时候，天下起了雨，所有的员工，包括经理在内都冒雨干活，浑身都被淋湿了。这个时候，经理一边摸着脸上的雨水，一边笑着对员工说："今天晚上晚餐我们可以加一道新菜了。"员工们都忙着干活，还没等他们反应过来，经理又接着说："这道菜名就叫清蒸'落汤鸡'，我想味道一定好极了！"话音刚落，员工们全都笑了，心想经理还真是幽默。

如此简单的一句话便逗乐所有的员工，让大家忘记了工作的辛苦，工作起来也更加卖力。

领导并不意味着就要高高在上，与下属之间就要有一道高下之别的界限。一个平易近人的上司，是能够得到下属认可的，而只有懂得关心和照顾下属，才会取得他们的信任。采取适当的途径，与下属做好沟通工作，便能树立一个良好的上司形象。 与下属相处时，放下领导的架子，保持一种幽默轻松的氛围，自然而然就能与下属相互理解了，对于管理也会更加有帮助。 工作中，时不时地与大家开个玩笑，还能舒缓工作的紧张感，使员工工作起来更有干劲。

汤姆是一家大企业的主管，他的工作总是最有效率，这主要得益于他与员工及时而有效的沟通。有一次，他回公司听到有人在哼唱亨德尔的神曲《弥赛亚》中的一段大合唱，他悄然走进去，职员们发现主管回来了，匆忙地回到了自己的位置。汤姆对此并没有发火，而是对大家说："刚才好像听到弥赛亚到我们这里来了，这么有名的人，大家为什么不请他等我一下呢？"

作为领导，如果不能激发自己的团队一起奋斗，不管自己有多强的能力都是零。 团队的凝聚力对于任何一个单位都是最重要的。 领导者应该如何发挥领导艺术呢？ 幽默应该算是一剂良药吧！

美国总统林肯的幽默可谓家喻户晓。有一天，一位新任的部长来见林肯总统，林肯和他边走边说着话，来到了一个走廊，发现一队士兵正在那里等候，准备接受总统训话。士兵们看到总统走了过来，便开始齐声欢呼。这位部长并没有反应过来总统要干什么，直到一位副官向他示意往后退时，他才恍然大悟，发现了自己的失礼，尴尬极了。

这时，林肯微笑着，慢慢地对他说："布兰德先生，或许士兵们根本就不知道谁是总统呢。"

林肯的幽默让失礼的部下找到了台阶，避免了紧张和尴尬，同时，也让全体在场的人感受到了总统的可亲可敬。

聪明的上司从来都不会吝啬自己的幽默，因为他知道幽默的力量是无穷的。 在管理中如果能多加一些智慧和幽默，便可以让员工们的生活和工作变得更快乐，只有在轻松自在的环境中，人们才不会过于紧张。 一个优秀的上司懂得如何处理好和下属的关系，同时也会想方设法去制造融洽的气氛来调动下属的工作积极性。

公司有一个融洽相处的团队，便能更好地为公司服务。 那么，在一个团队中，有一个懂得幽默的上司，肯定比一个古板的上司要好得多。 因为懂得幽默可以润滑人际关系，消除紧张，减轻生存压力，把人们从各种自我封闭的境况中解脱出来，寻得益友，增强信心，在人生的道路上知难而进。 由此可见，懂得幽默是多么重要，团队领导者则更应该具备这样的素质。

如何与同事幽默相处

不得不承认，上班对于大多数人来说是件非常辛苦的事，不仅手里有一大堆要做的工作，还要正襟危坐八个小时，骨头也要疼了。所以，要注意营造温馨和谐的工作环境，大家心情好了，效率提高了，干劲也就足了。

下午茶时间，大家聚在一起聊天，讨论将来宝宝的名字。有一个同事姓夏，她老公姓周，因此，大家想好了一个特别简单的名字——周一。大家说："不错不错，这个名字还有延续性，一口气可以生七个，从周一到周日。"这时，有人问："那如果生了第八个怎么办呢？"同事说："第八个就叫夏周一。"幽默的话语令大家捧腹不止，让办公室压抑的气氛顿时一扫而光。

幽默是一种很生动的语言表达手法，与幽默的人相处，谈话是一件非常有趣的事。在工作中遇到难题时，如果用幽默调节，事情就可能很快会得以解决。

小李和小王都是刚进公司不久的小青年，小李比较沉稳，具有幽默感，而小王血气方刚，容易冲动。有一次，两人因工作发生了一些矛盾，小王就怒气冲冲地把小李拉到办公室外面的走廊里，要跟小李决斗。

小李说："单挑我可不怕你。不过，由我决定地点、时间及武器。"

小王同意了。小李说："地点就在走廊里，时间就是现在，武器就是空气。"

小王一愣，然后两人同时哈哈大笑起来。

从此，两个人再也没有发生过冲突，成了最好的朋友。

高强度和快节奏的工作步调，不免让人们心生烦恼。如果这样的工作占据着我们的生活，那我们就没有快乐可言了。所以，闲暇的时候，同事们聚在一起聊聊天，说点幽默的话题，也不失为一种减压的好方法。但是，职场毕竟是一个比较特殊的环境，我们一定要掌握好自己的幽默尺度，不要成为办公室中的那个众矢之的。

小芬的身高不高，身体还比较单薄。一天，公司里有个同事拿了一根竹竿到办公室，就想和小芬开个玩笑，便招呼小芬，示意她站起来。

小芬对同事的举动有点莫名其妙，于是就问："有什么事吗？"

"没什么特别的。我就想拿竹竿和你比比，看看到底哪一个高一点。"同事满脸堆笑，对着小芬说。小芬听他如是说，便对他顿生厌恶之感，随即转身就离开了。

用别人的身高来调侃，这个同事真是哪壶不开提哪壶，根本就没有顾及到小芬的感受，也没有设想自己这样做是多么的愚蠢，这样的幽默只会让别人更加厌恶。 其他的同事也把这件事看在眼里，不知道他们会有什么样的想法。 但是，他们也不喜欢这样的玩笑吧！

如此说来，我们在办公室就不能开玩笑了吗？ 肯定不是这样的。 上面的那个同事只是用错了幽默的方式，忽略了幽默要看对象、要用适当的方法，如果同事间能坦诚相待，这样的幽默还是能让大家笑口常开的。

单位小张的儿子还比较小，所以小张上班的时候也会时不时地把儿子带上。一天，小张又带着儿子去上班。可是，没想到的是，这个小孩非常调皮，东奔西跑，一不小心就打碎了同事的杯子。小张见状，指着儿子就大骂，并照着孩子的头就是一巴掌。

单位同事王萱看到这样的情况，站起来对着小张大喊："小张，你怎么打孩子呢？ 快给我住手。"整个办公室闻声都停了下来，看着这种场面，心想怎么王萱要多管闲事。四下安静了，接着又听到王萱说："你这孩子原本可以当大学教授，就这一巴掌，把个好端端的大学教授打没了。"听到她这么一说，原本紧张的局面一下子缓解了，大家都被王萱的这句话逗乐了。小张也乐开了："王姐你说话可真有意思，你说这小子能当大学教授？这小子要是能有这能耐，我就不操这份心了。"

当我们在工作中看到同事与同事有磕磕绊绊的时候，若能用一个恰当的小幽默来巧妙地化解，不仅能让同事之间的关系更加融洽，还能给同事留下良好的印象。 不过，我们知道，同事之间开开玩笑没有什么，但是一定不要在办公室里拿上司当作笑话的对象，要不然可能就会有意想不到的麻烦。

职场中的我们需要幽默。 得体的幽默，于人于己都是一缕芳香的玫瑰。 幽默是闲暇之余的调味品，能不能融洽办公室的气氛，那就要看你懂不懂职场中的幽默了。 如果你不能遵循这些原则，你的幽默不仅不能幽默别人，还容易把自己给"幽默"了。 记住了这些职场幽默原则，不论你到哪里工作，你的身边总是会有一群人围绕着你，因为你能够给他们带去快乐。

接近异性，幽默是许可证

茫茫人海中，每个人都希望能碰上自己梦寐以求的"梦中情人"。如果在无意中碰到了自己心目中的另一半，我们该如何更好地去靠近他（她）呢？太过冒昧地打招呼会惊吓到他（她），但是又不忍心就此放弃。在这个两难时刻，幽默搭讪是最可行的办法。

有很多人，特别是男孩子不敢尝试接近自己喜欢的女孩，害怕会遭到女孩的拒绝。其实，很多女孩都会以被众多男孩追求而感到自豪和骄傲。因此，鼓起勇气，以一颗幽默的平常心走向你心目中的那个漂亮女孩，勇敢地与她攀谈，你将有可能收获意想不到的惊喜。

男生："同学，你应该要赔偿我吧？"

女生一惊，面露愠色道："赔偿什么啊？"

男生说："刚才我在那边的时候，被你的眼睛电到了，你应该要赔偿啊。作为一个有责任感的大学生，应该为自己的行为负责任吧。"

听到此话女生笑了。

结果表明，这样的男孩以幽默俏皮的语言获得了少女的芳心。其实，与异性进行幽默沟通并不难。幽默沟通遵循的原则有两条：一是采取肯定和亲切的态度，不要轻易向异性说"不"，因为这样较容易伤害对方的自尊心；二是要显得有自信，不要一接触异性就显得紧张而不能坦然相处。 当然，与异性幽默沟通时的相互尊重是必不可少的，否则将会带来不必要的误解。

　　曾担任过美国国务卿的五星上将卡特利特·马歇尔在他驻地的一次酒会上，请求一位小姐答应由自己送她回家。这位小姐的家就住在附近，可是马歇尔开了一个多小时的车才把她送到家门口。"你来这儿不是很久吧？"小姐问，"你好像不太认识路似的。""我不敢那样说，如果我对这个地方不太熟悉，我怎么能够开一个多小时的车却一次也没经过你家门口呢？"马歇尔回答说。

　　马歇尔对那位小姐的巧妙回答隐含了"我想和你多待一会儿"的意思，幽默的趣味尽在其中。 在制造好感之前应该要有充分的心理准备，让大脑处于活跃状态，以便于随时发挥。 如果在与女士接近时，心理活动不够稳定，总是一副局促不安的状态，难免会产生不必要的窘态，幽默也就无从谈起。

　　在生活中，如果一个普通人遇上自己心仪的人，该怎么运用幽默呢？

　　首先，必须要有勇气，不能被漂亮女孩的傲气弄得手足无措；其次，要保持一颗平常心，无论她的脾气怎样，要让自己做好接受的准备，大胆走近她与她搭话；再次，尽可能地利用一切可以捕捉到的线索、可见的情景幽默一下，跟她开个小玩笑。 但应该注意，异性之间开玩笑不可过分。

投石问路，含蓄传达爱意

　　生活中有不少青年朋友，当爱情叩响心扉之时，虽然不乏兴趣和激动，但更多的却是不知所措，想让心中的他(她)知道，却又害怕让他(她)知道后致使与"美好姻缘"失之交臂。学会投石问路，让幽默为自己开口，勇敢追求才能得到真爱。

　　狄更斯的《大卫·科波菲尔》中有个故事：大卫爱上了朵萝，却不敢表白，朵萝的好友密尔小姐看出了他的意思，对他说："泉水不能掩住，要让它喷射；土壤不能闲着，必须耕耘；春天的花得及时攀折。"

　　聪明的青年朋友或许已经领悟了其中的奥秘：爱就要行动。也就是说，当你爱上了一个人，就应该不失时机地向对方表明自己的爱。其实表达爱意是每个人的权利，如果不能大胆地说出自己的心意，那就投石问路吧，否则我们不可能拥有属于自己的爱情。

　　梁实秋垂暮之年花开二度，爱上了比他小 30 岁的韩菁清。一天，他们在台北梅园餐厅共餐。梁实秋点了"当归蒸鳗鱼"，韩小姐关切地说："当归味苦啊。"梁先生若有所思地说："我这是自讨苦吃。"韩小姐笑道："那我就是自投罗网。"两人相视哈哈大笑，心有灵犀一点通。

　　梁实秋通过"自讨苦吃"暗示自己已经陷入了爱情的泥

淖，韩菁清一句"自投罗网"幽默地回答了梁实秋的试探性问题。两人之间的心灵默契，让他们在内心的相互呵护中感受了幸福。

陀思妥耶夫斯基也不愧是幽默的痴情种子，他擅长使用实话虚说的投石问路法，借机抒情，于风趣中巧妙向心仪的人表白了爱意。

1866 年，对陀思妥耶夫斯基来说是不寻常的一年。妻子玛丽亚和他的哥哥相继病逝。为了还债，他为出版商赶写小说《赌徒》而请了一位速记员，她叫安娜·格利戈里耶夫娜，一个年仅 20 岁、性情异常善良和聪明活泼的少女。

安娜非常崇拜陀思妥耶夫斯基对工作认真，一丝不苟。书稿《赌徒》完成后，作家已经爱上了他的速记员，但不知道安娜是否愿意做他的妻子，便把安娜请到他的工作室，对安娜说："我又在构思一部小说。""是一部有趣的小说吗？"她问。"是的。只是小说的结尾部分还没有安排好，一个年轻姑娘的心理活动我把握不住，现在只有求助于你了。"他见安娜在谛听，继续说："小说的主人公是个艺术家，已经不年轻了……"

安娜忍不住打断他的话："你干什么折磨你的主人公呢？""看来你好像很同情他？"作家问安娜。

"我非常同情他，他有一颗善良、充满爱的心。他遭受不幸，依然渴望爱情，热切期望获得幸福。"安娜有些激动。陀思妥耶夫斯基接着说："用作者的话说，主人公遇到的姑娘，温柔、聪明、善良，通达人情，算不上美人，但也相当不错。我很喜欢她。但很难结合，因为两人性格、年龄悬殊。年轻的姑娘会爱上艺术家吗？这是不是心理上的失真？我请你帮忙，听听你的意见。"作家征求安娜的意见。

"怎么不可能？如果两人情投意合，她为什么不能爱艺术家？难道只有相貌和财富才值得去爱吗？只要她真正爱他，她就是幸福的人，而且永远不会后悔。""你真的相信，她会爱他？而且爱一辈子？"作家有些激动，又有点犹豫不决，声音颤抖着，显得既窘迫又痛苦。

安娜怔住了，终于明白他们不仅仅是在谈文学，而且是在构思一首爱情绝唱的序曲。

安娜小姐的真实心理正如她自己所言，她非常同情主人公即作家陀思妥耶夫斯基的遭遇，何况在这之前她已经从内心里深深爱慕着这位伟大的作家。面对陀思妥耶夫斯基步步逼近的表白"陷阱"，安娜最终被打动了。后来，作家同安娜结为伉俪。

像陀思妥耶夫斯基那样，在不敢肯定对方是否也有意于自己时，可以实话虚说，既能摸清楚对方的心理，又能避免遭受拒绝时的尴尬。当我们有了喜欢的人，一定要抓住时机，间接不失幽默地表白你的爱意，否则很有可能会与心爱的人失之交臂。

幽默良剂，升华夫妻感情

在柴米油盐酱醋茶的平凡生活中，婚姻生活如果没有了幽默的乐趣，那是家庭中可怕的"冷暴力"，让人觉察不到家庭的温暖。

在许多幸福的家庭中，幽默是感情伤害的止痛剂，因为夫妻双方懂得让幽默成为一种调剂对方心理的有效工具。

一天，当妻子帕蒂听到丈夫乔尔的叹息时，她脱口而出："上帝，应该有人颁给你一项奥斯卡金像奖，'最好的受难主角奖'。"

"为什么你不颁给我？"乔尔问她。

帕蒂很喜欢这个主意，她跑到一家纪念品商店，买了一个奥斯卡金像奖的复制品来。一次，当乔尔又闷闷不乐、唉声叹气的时候，她开心地对他一笑，鼓起掌来，并把"奥斯卡金像奖"颁给了他。"太棒了！"帕蒂对乔尔说，"我尤其喜欢末尾的一声短叹。"

这样的对话让事情一下子变得非常荒谬，两个人都大笑起来。从此以后，乔尔再也没像从前那么叹息过。

俗话说得好，平平淡淡才是真，婚后的生活就像是一杯白开水，你放点盐它就咸，放点糖它就甜，放点幽默它就是温暖的。 当看到你的另一半悲伤的时候，要适当地给他补充一下幽默的笑料，这将会是最好的心情安慰剂。

约翰先生下班回家，发现妻子正在收拾行李。"你在干什么？"他问。"我再也待不下去了！"她喊道，"一年到头，老是争吵不休，我要离开这个家！"约翰困惑地站在那儿，望着他的妻子提着皮箱走出家门。忽然，他冲出房间，从架子上抓起一只皮箱，也冲向门外，对着正在远去的妻子喊道："等一等，亲爱的，我也待不下去了，我和你一起走！"怒气冲天的妻子听到丈夫这句既可笑又充满对自己爱意和歉意的话，像泄气的皮球，很快气就消了。

当约翰的妻子抓起皮箱冲出门外时，我们不难想象，约翰是多么难堪、焦急！但他既没有苦劝妻子留下，也没有做任何解释、开导，更没有抱怨和责怪，而是说："等一等，亲爱的，我也待不下去了，我和你一起走！"

这哪像夫妻吵架，倒像一对恩爱夫妻携手出游。约翰这番话，以诙谐的方式平息了妻子的怒火，不但让妻子感到好笑，而且还让妻子体会和理解丈夫是在含蓄地表达自己对妻子的爱意和歉意，以及两人不可分离的关系。听到这番话，妻子怎能不回心转意呢？

夫妻之间吵吵闹闹是常有的事，有时小打小闹就过去了，可有时闹得比较厉害，这种时候，只要你能把对方逗笑，僵局自然就被打破了。

家庭有时候不是讲理的地方，也是个讲理讲不清楚的地方，夫妻之间不应该对生活中的摩擦过分较真，因此，幽默自然就成了缓解夫妻矛盾、加深感情的功臣。

妻子拿出一个一直放在衣橱上面的旧呼啦圈对弗兰克说："请你拿着这个呼啦圈，我从中间跳过去。"

"这是干吗？"他问。

"哦，亲爱的！"她说，"我似乎注意到你是多么愿意让我跳进你设的圈套以证明我爱你。你觉得我们可以谈谈这个问题吗？"

"你在说什么呢？我没那么做过。"弗兰克说。

妻子接着说："我相信你没有意识到你那么做了。我知道你爱我，但是这一切感觉就像一系列没完没了的考验。"

"圈套，嗯？"他说，"好吧，我们谈谈。"

然后弗兰克一笑，那是妻子最喜欢的笑容。弗兰克说："在我们谈正事之前，你觉得你能先跳过这个呼啦圈吗？"

这句话一下子冲淡了家庭中的紧张气氛。从此之后，两人的关系不再那么紧张。看来妻子是多么明智且富有生活的情趣啊，面对夫妻之间的紧张关系不是想着去抱怨，也没有装作视而不见，而是借助幽默的方式，让紧张的气氛变得充满了喜剧效果。

妻子在厨房做饭，忙得满头大汗。丈夫却坐在餐桌边悠闲地说:"讲到吃,我最有研究。譬如吃猪脑补头脑,吃猪脚补脚筋,吃……"

这时,妻子端来一盘炒猪心,放在餐桌上,丈夫夹一块放进嘴里,边吃边问妻子:"你知道这猪肝、猪心补的是什么?"

"是补那些没心肝的人。"妻子不耐烦地答道。

从妻子的表达中,我们可以发现她的丈夫是个自私,不愿意为家庭、为爱人分担的人。他只管自己一个人的舒服而看不到妻子的忙碌,妻子则巧妙地通过对吃的看法,委婉表达了自己的意见,让丈夫能够听出言外之意。

虽说夫妻之间应该真诚与坦诚,但是给对方巧设圈套实际上是经营婚姻的智慧之法。通过圈套,让另一半了解自己的想法,委婉表达出自己的不满,这样可以避免双方因为意见不合而大动肝火。